U1021121

滕阁读书
TENGGE READING

做一名懂心的班主任

主　编：杨雪梅　温　勇
副主编：李竺姿　张文静
孔金妮　边祥钦

江西教育出版社
JIANGXI EDUCATION PUBLISHING HOUSE
·南昌·

赣版权登字-02-2023-204
版权所有 侵权必究

图书在版编目（CIP）数据

做一名懂心的班主任 / 杨雪梅，温勇主编. -- 南昌:
江西教育出版社，2023.9
ISBN 978-7-5705-3734-1

Ⅰ. ①做… Ⅱ. ①杨… ②温… Ⅲ. ①班主任工作
Ⅳ. ①G451.6

中国国家版本馆CIP数据核字（2023）第138898号

做一名懂心的班主任
ZUO YI MING DONGXIN DE BANZHUREN
杨雪梅　温　勇　主编

江西教育出版社出版
（南昌市学府大道299号　邮编：330038）

出 品 人：熊　炽
责任编辑：冯会珍

各地新华书店经销
江西赣版印务有限公司印刷
880毫米×1230毫米　32开本　6.5印张　128千字
2023年9月第1版　2023年9月第1次印刷

ISBN 978-7-5705-3734-1
定价：38.00元

赣教版图书如有印装质量问题，请向我社调换　电话：0791-86710427
总编室电话：0791-86705643　编辑部电话：0791-86708350
投稿邮箱：JXJYCBS@163.com　网址：http://www.jxeph.com

序

再进一步，让成长更精彩

2019 年元旦那天,《中国教师报·教师成长周刊》主编宋鸽走进了荣成。宋主编这次采访关注的是“一个特教教师发起的教师读写共同体究竟是如何实现了爆发式的成长，又是如何把这种成光之光不断地蔓延到学生、家长身上的”。那时，我所组建的雪梅读写团队刚刚成立一周年，老师们在各类教育报刊上发表了 100 多篇文章，并在荣成市范围内开展了 30 余场公益读写指导活动。

雪梅读写团队中，教师发展的“质”和成长的“量”在国内都首屈一指。在外界看来，我完全可以安安稳稳地“躺平”在现有的成果上，但习惯了思考更习惯了行动的我，却不想就此止步不前。“如果老师们仅是碰到了什么教育事件就写什么，这样的分析研究是零散、肤浅的，下一步可不可以做更有系统的成长研究?”带着这样的思考，我在一片混沌当中努力地找寻着可能的前路。

我是一位从中师毕业起就一直在特殊教育一线工作的教师，近20年的时间里陪伴了一拨又一拨的孩子，他们有的连自己的名字都写不全，还有的连扒拉10个手指数数都有困难，这样的学习和能力状况，显然并没有让我做到教学相长。可是，我的读写团队却涵盖了从幼儿园到高中各个学段的教师，在学科专业上，我显然不具备任何引领能力。思来想去，自己唯一的优势就是在不停地应对“问题学生”和处理学生问题的过程中，通过不断阅读学习和写作思考修得了比较敏感的问题捕捉能力和相对审慎的问题处理能力，这些能力非常有助于班主任带好一个班。

就这样，元旦那天晚上送走了宋主编后，我用最快的速度发布了“组建班主任工作室，让专业成长更聚焦”的群公告，并连夜完成了工作室成员的招募工作。随后，在威海市教育局第二期教育名家工作室建设工程的启动中，我凭着多年的成长积淀，顺利成为班主任教育名家工作室的主持人。当一切条件都将我引向与班主任工作相关的这条路，我所能做的也便无他了，那就是充分利用现有的平台和资源，让更多美好的成长进一步发生。

回望4年来携手这些热爱班级、关注学生身心成长的教师走过的时光，虽然我们始终处于边探索边行进的状态，但从来没有改变我们的立足基石，那就是“同读、共写、同研、共行”。《中国教师报·班主任周刊》《班主任之友》《中小学班主任》等多家报刊都对雪梅班主任工作室成长之快、成果之丰的原因做过深度的报道。可当我静下心来想把光阴留下来的积淀汇编成册后才发现，除了有“读、写、研、行”做基本的行动支撑，我们还始终保持着不断向前的发展姿态，也始终都在期待着再进一步的成长精彩。

让问题进一步生成智慧

在很多一线班主任眼里，班级就是问题频发的地方，纪律问题、心理问题、学习问题、习惯问题……每一种问题都让人难以招架。时间久了，教师的耐心和激情会很容易被淹没在繁复的问题当中，进而滋生出倦怠。

在雪梅班主任工作室建设过程中，我采用了“问题聚焦”的写作模式来做群体研究，即把教育改革发展中的热点问题、学生发展中的棘手问题、班主任成长中的困惑问题化成一个个的问题串，然后每周从“串”上撷取一个点作为老师们的共研共写话题，通过写作来深挖问题成因，找寻化解契机。就以“学生沉迷网络”这种相当普遍的成长现象为例，我就先后策划了“学生网游成瘾的心理动机及应对”“学生沉迷于刷短视频如何化解”“学生迷恋网红怎么办”“学生朋友圈里为什么常有‘火星’语言出现”等十几个问题点作为共写的主题。

这种模式最初运作时，老师们很难适应，他们会以“我从来没有碰到过这样的问题”“这种事在我的班级中不曾发生过”作为无从下笔的理由。我坚定地告诉大家：“我们需要的不是去做经验总结，而是从此时此刻启动自己的思考——以前处理类似事件时，我的依据是什么，是否还有改进的空间？如果以后碰到这种问题，我该从哪里探因，又该如何理性地应对？”这种集体预设性写作的好处是既能在问题发生之前做积极的应对考量，又能在共写中相互参照借鉴，积累丰富的化解疑难问题的经验。

所有的绽放都是种子在时光中慢慢孕育、悄然拔节的见证。4 年来，对几百个小问题的深思细研，让工作室的班主任们充分感受到了化问题为智慧的充实和能量。他们的思考越来越有深度，越来越成体系；他们所带的班级越来越有温度，越来越显活力；他们在班级中挺立的姿态也越来越坚定。再进一步，我们真的会领略到别样清朗的教育风景。

让家校进一步凝聚合力

“不怕碰到‘熊孩子’，就怕碰到难缠的或者不合作的家长！”提及班级管理，很多班主任最头疼的莫过于要和形形色色的家长打交道。

当我以教师和家长这双重身份重新审视家校关系后发现：一方面，班主任在不断诟病着家长的不配合、难沟通；另一方面，家长又会在高期待中不时地抱怨着老师教育水平差、沟通方式生硬。其实，教师和家长的目标朝向高度一致，都是希望能教育好孩子，让孩子得到更好的成长，双方的关系应该是合作发力而不是推诿指责，而班主任必须是这条关系线上的掌舵人、凝心者。

我和班主任们以研究的姿态，一方面着眼于小点去思考问题，比如“碰到了难缠的家长怎么办”“与各种类型的家长沟通需要哪些技巧”等，基于班级管理中的实践案例去提炼问题，开展“智慧众筹式”的研讨，把与不同性格特点、不同学识背景、不同心理禀性的家长沟通的“道”和“术”进行研究和验证；另一方面，我们还基于大的层面进行整体策划，比如“‘互联网 +’模式下的家校合作育人探索”“‘双减’背景下如何让家校共育更有成效”等，以课题和成果研究的方式构建系统的研究框架，带动不同的学校和班级参与到实践当中，助推家校教育合力的形成。

校与家、教师与家长，绝对不应该是对立的存在，而是要拧成合力的两股线绳。再进一步说，基于人性和心灵，多洞察一些沟通需求，多掌握一些适当共情充分理解的沟通技巧，这样的班级建设进程才能充满蓬勃的生机和力量。

让故事进一步生发精彩

班级就是一个故事的孕育场，每天都有数不清的“大事小情”发生。作为班主任，如果把这些事件看作“事故”的话，就会有始终身处麻烦堆里的感觉，不停地去盯防，去应付。可如果我们转换角度，能从不同的事件当中解读成长的心灵之音，能透过不同的行为举止洞悉学生身心发展的独特规律，能在不断化解纠纷矛盾中提升自身的教育智慧，那么，这些琐事和麻烦便有了生发精彩的可能。

在雪梅班主任工作室建设的过程中，一方面，我会引领大家写下班级故事，通过文字的记录来对事件进行复盘，进而悟得育人启示，表达教育主张；另一方面，我也会培养老师们转换视角思考问题的习惯，将故事当中内隐的多重教育意蕴最大化地挖掘出来，进而提升自身的职业敏感力、理解力和判断力。

很多老师在教育写作这条路上犯了“眼高手低”的错误，他们往往以“有用”为尺度，总希望一出手就能写出水平很高的学术论文来作为职称评审和各种荣誉评选的支撑材料，但往往又苦于头脑空空，最终便搁浅在了“想写又写不出来”的沙滩上。与诸多老师的认知和行动正好相反，我恰恰是带着工作室成员以班级教育叙事为起点，一步一步走向研究的“春天”的，即由基于现象描述的故事写作进阶到借助故事呈现理性思考，最后进入基于共性问题的聚焦式研写模式。

以“故事”为助推思考、助力研究之线，我们化烦琐为智慧，化凌乱为系统，最终在自己的专业成长之路上步步进阶，让班级建设的支架越来越粗壮、坚实。

让心灵进一步趋近光亮

有一个现象值得我们所有教育人去关注——如今社会各个层级都相当重视培养学生积极的心理，但学生成长过程中五花八门的心理问题一直是教育的痛点。虽然每所学校、每个班级都在推行课程引领、活动调节、个案辅导等多样的健康心理培育模式，但鲜少有人能够真正读懂孩子内心的所思、所想和所需。也就是说，我们教育的“供”和学生心理发展的“求”是不匹配的。

要化解这些问题，那就绝非简单地在学生身上发力便能实现，还需要提升教师的“读心”“育心”能力。这种提升，也不是教师参加几场培训或读几本书便能做到的，需要教师站在学生成长的场域里观察、捕捉、思考、行动。因而，雪梅班主任工作室始终致力于通过多样的手段提升班主任的心理健康教育能力。

首先，我们会借助事件来解读孩子的成长需求。班级中的“大事小情”，工作室的老师们都会一步步地去探寻问题成因、解读心灵的隐性表达、反思得失成败、找寻化解方法，其基本思考模式为“发生了什么—为什么会这样—得到了什么经验或教训—如果尝试不同的方式会怎样”等。这一连串的追问下来，教师的心育敏感性和智慧度将大大提升，自然也就更容易感知孩子的内心需求，从而按需补养。需求被关照、被满足了，心灵上的阴影自然会大面积缩减。

其次，我们会牵引着理论回到班级去验证或实践。如何优化学生的意志品质，提升学生的抗挫折能力？如何帮助学生培养积极情感，化解消极情感？怎样根据学生的气质类型进行班级管理和教育？……要求解这一系列的心理发展问题，教师就得先去主动学习，弄明白基本的心理概念和理论内涵，然后再与班级育人实践相结合，找寻二者之间的关联之处并思考具体操作时可能出现的触发点，继而进一步去落实行动，优化实践。当班主任理解了心理发展的历程和独特性，以更富有智慧的教育方式去滋养生命成长，自然就能够培育出茁壮健康的心灵之花。

借着事件进一步走进心灵，满足需求；借着理论进一步回归心灵，破解疑难。每向前一步，其实就意味着正在成长的心灵中的光亮又多了一分！

让成长进一步凝聚丰盈

在一次市级名班主任评选答辩现场，评委老师对其中一位选手说："你一定是来自雪梅班主任工作室的，因为你清晰地知道自己已有的基础是什么，对学生成长研究、班级建设规划、自我成长定位以及对他人的辐射带动都有确切可行的梯度计划，而不是停留在浅层次的如何读书成长、如何开展班级活动上……"确实，一个对专业成长缺乏追求的班主任，很难走一步看三步、有规划地行进；一个对成长的定义仅仅停留在获取外在光环层面的班主任，也基本不会沉下心来做全盘发展的规划考量。幸运的是，工作室里那些对教育和班级充满了热爱、对成长和蜕变充满了渴望、对学习和思考充满了热忱的班主任，始终都没有被湮没在盲目混沌的追逐中。

车英老师是我原来在特殊教育学校的同事，45 岁那年选择加入我的工作室时，周围的人都很不看好这种“瞎折腾”。“想成长早干吗了？都这么一把年纪了……”当厌倦了一成不变的教育生活和一无长进的那个自己后，车老师意识到了成长的重要性。她的行动便有了义无反顾的坚决——以“啃读”的方式走进一本本教育著作中，以不断行走的姿态拓宽着自己的教育视野，以一篇又一篇的文字梳理让自己的育人思考走向纵深……任何一粒经历过自我挣扎和时光洗礼的种子都有强劲的生长力。3年时间，我看到的是她从一位普通的特教老师一步步成长为教学能手、优秀班主任，《德育报》曾用了整个版面对她的带班育人经验进行宣传推广。“我会沿着这条成长路专注地走下去，不断迈进的感觉让我感受到了生命的丰盈与自我的可为！”真的，不论什么年龄、什么起点，再进一步，人生都有重新结果的可能。

与车英老师的自我启动稍有不同，李竺姿老师是我从几千名乡村学校班主任中“扒拉”出来并且重点培养的种子选手，因为我很想看看，当一个不安分、有冲劲的老师得到了恰当的引领后会发生什么样的“化学反应”。

“能不能介绍我认识李虹霞老师，我没听够她讲的‘幸福教室’的故事！”当一提读书就犯困、一提写文章就头疼的竺姿缠着我“牵线”时，我告诉她：“李老师工作特别忙，不可能有空回你消息。她写过《创造一间幸福教室》这本书，你可以找来看看，比她今天的讲座更生动、更翔实！”当她买来书开始阅读后，我又鼓励她“结合自己班的实际情况，打造一间乡村的‘幸福教室’”。“美国有一位明星老师叫雷夫·艾斯奎斯，李虹霞老师是受了他所著的《第56号教室的奇迹》的启发才有了后续的一系列行动的……”“你看，你的‘乡村幸福教室’里也有这么多精彩的故事，试着写下来，我帮你改改，让更多的人看见。”……就这样，我一步一步地引导着这位年轻的班主任，在短短3年时间里，她的“乡村幸福教室”就吸引了《中国教师报》等多家媒体的关注；她所开展的“星火”家庭教育志愿服务项目，成功地将农村家长从教育旁观者变成了孩子成长过程中的有力参与者；她所组建的校级班主任成长共同体，已经开始带动了更多人的成长和研究……一步一个脚印，每一步都有精彩进阶和丰盈收获。

雪梅班主任工作室里，各具特色却同样精彩的成长案例比比皆是。何谓成长？在我看来，专业成长绝不是将自我带到某一高度后的功成名就，而是一种不断向前、不断追寻的生命状态。进一步，再进一步，成长的路上就有了许多不可预知的美好！

借着第二期威海教育名家雪梅班主任工作室“成长书系”出版之际，我想让所有的班主任看见这样一种力量——进一步，便能育出精彩；进一步，便能自我刷新；进一步，便能接近卓越；进一步，教育生命才能更加充实、多彩！

雪　梅

2022年11月于威海荣成

目录

第一章　贴近心灵去沟通

第二章　巧妙借力去引领

第三章　用智慧叩开心门

第四章 合理调控情绪

第五章 专业赋能助成长

第一章

贴近心灵去沟通

师生关系是否融洽，教师的话学生是否愿听，最关键的在于班主任是否具有读心、懂心进而贴近心灵去沟通的能力。用积极的暗示去撬动心灵，用润心的批评去感染心灵，在沟通的时候把握好尺度甚至是“拘些小节”，都不失为有效的贴心沟通法宝。走进了心灵，我们的一言一语才有可能影响到孩子，润泽了成长。

孩子，成长的体己话老师这样与你说

杨雪梅

我是一名特殊教育学校的班主任。在外人看来，最令我头疼的无非是孩子们近乎油盐不进的学习状态和吃喝拉撒睡等繁杂生活琐事。但现实并非如此，八九个人规规矩矩的小班级走着走着就会被一段段猝不及防的时光搞得兵荒马乱，怎么按都沉稳不下去——那段时光的名字，叫作青春期。

真的，智力缺损、心灵稚弱是众人了解中的特殊孩子典型的发展特征，可这并不意味着他们的身体成长速度暂缓了。事实上，当孩子的身心发展与身体发育相匹配时，青春期的成长引领工作只要花点儿心思就不会出什么大问题；可一旦心智的成熟速度被生理发育的速度远远地甩到了后面，许多老师会觉得除“严看死防别出什么事儿”外，便再也无从下手了。

可我深知，大禹治水，“疏”是关键；青春期引领，“引”才是正法。因此，在孩子们成长到四五年级时（特殊教育学校的孩子的入学年龄普遍比普通学校晚两年左右），我会分外留心他们的一举一动，以防患于未然的抢先之举做好心智不成熟学生的青春期成长疏导工作。

女生，我悄悄对你说

不知不觉，班上的女生率先有了微妙的小变化。看到学校里帅气的男生远远地走过来，有的女生便扯着自己的衣角定在原地，满脸羞涩地打招呼，我知道，青春萌动被异性吸引的种子已经悄然发芽了；有的女生习惯用宽大厚重的衣服把自己紧紧地包裹起来，我明白，她还没有适应自己身体突如其来的变化；有的女生开始把自己显得肥胖的身体生生地塞进紧身裙子或细滑的丝袜里，怪异造型惹得众人纷纷注视，我懂得，这颗已然苏醒的心渴望别人的肯定和关注；还有的女生坐在教室却心神不宁，躲闪的眼神里仿佛藏着各种小秘密，我猜想，她闭锁的心门一直在等待着有人去敲开或撬动。

每个女生“青春”展现的姿态都不同，每段“青春”需要班主任去牵手引领的方法肯定也会不一样。但无论面对什么样的成长个体，无论采用什么样的化解之道，我都会告诉自己“你要轻轻的”，因为一颗处在特殊时期的心就如同荷叶上的那滴露珠，一不留神便会滚落破碎。邻班的杰因为在头上戴了朵大红花来学校惹得一干老师窃笑不已——“真像个媒婆呀！”后来班主任说：“杰不知什么原因要小脾气，死活不爱上学了。”不知道老师们有没有想过：当初那些不恰切的表情和议论，很可能造就了一颗畏惧而失去自信的青春的心。我们班的小蕊因为不分场合地追着某位老师请他看自己的画，忙碌的老师不耐烦地喊了句：“你快回自己班去！”从那以后，再也没有听她念叨起那位她一直喜欢的老师。如果当初能有句平和的回答：“老师有点儿忙，有时间再看，你先回去吧！”结果肯定会大不一样。

“孩子，打招呼的时候大大方方就好，好女孩都是这样的！”我轻轻地叮嘱着。“老师知道你觉得自己身体上有了变化，满脸还长了痘痘，所以恨不得把整个人都包起来。偷偷告诉你吧，我小时候整个脸都是坑坑洼洼的，还胖得不得了，都不想见人了。后来，我的老师告诉我，每个人在这个年纪都会遇到一些身体上的变化，如果把自己整个人都捂起来，才真的会让别人都想来看你呢！”我悄悄地分享着。“你看，杨老师从来不会在冬天穿那么薄的丝袜，穿衣服要和天气、季节相宜才好看呢！你也觉得老师穿的衣服很好看？那我来教你好不好？”我细心地引导着。“老师猜是有什么事让你不开心了，你是愿意和老师说说呢，还是愿意去后面的健身场上玩一会儿解解闷？”我小心地探寻着。

我不会长篇累牍地大开一通班会或大讲一通道理，因为对于我这班特殊的孩子们来说，那么高深的道理不一定会有用，但一定很愿意接受老师善意的叮咛呵护；我也绝不会用严防死守、厉声呵斥的老一套办法来解决问题，因为孩子们对他人态度的感知能力还是相当敏锐的，一旦把孩子们推到成长的对立面，班主任就再也走不进他们的内心了。

亲爱的女生们，老师一直在密切捕捉着你们青春期的微妙变化，然后再悄悄地交流心声，静静地守望成长。

男生，我大声对你说

还没把女生青春期那根成长之线理顺，原本在我眼里还是淘气包的小男孩也在不知不觉间发生了变化：说话半哑着嗓子，原本常规的交流不知什么时候就变得阴阳怪气，有的男生还没张口就先扭扭捏捏脸红起来，有的男生一点儿不痛快就掀翻了课桌，还有的男生总凑到女生跟前觍着脸让人恨得牙根痒痒……面对这些，继续和风细雨式地牵着引着吗？肯定不行，有的男生曾经在校园里闹出“我一定要娶 × × 老师”的笑话，在他的世界里，哪里懂得什么纲常伦理，只是认为温柔的女老师就美丽，美丽的女子就要娶了做媳妇。继续用春风式的温暖来化解青春期的冰冻吗？也行不通，我发现很多班主任对男生确实足够温柔、足够耐心，但在那种环境中浸染的男生说话都细声细语的，生怕惊了别人，全然没有男生该有的样子。看到不良行为时厉声呵斥或狠狠地批评吗？学校里可没少发生学生因为遭遇批评指责而情绪失控打碎窗玻璃或爬上窗台想跳楼的事例。毫无疑问，一位特殊教育学校的女班主任在面对青春期的男生时着实不易，有太多尴尬麻烦的问题要去审慎处理，有太多担惊受怕的事情得小心翼翼，有太多哭笑不得的瞬间足够烦人扰人。更令人头疼的是，一些特殊孩子的背后都有着指望不上的家长：我能指望一直希望我把他儿子也培养成老师的父母来协助我做好学生的青春期教育工作吗？我能要求一个思维意识还不如自己孩子的家长去帮助关注学生青春期的躁动和逆反吗？我能奢求一个连挣口饭吃都有难度的单身父亲或母亲抽点儿时间和精力指导孩子吗？我唯一能做的，就是一方面保证用恰切的姿态面对这些成长中满是迷茫的男生，另一方面为他们的成长树起一面标杆性的旗帜。

在面对男生的成长时，我这个班主任还是希望能够培养出有阳刚之气的学生。因此，在日常的交流中，我给予他们真诚的教导但也是干脆、掷地有声；休息放松时，我会不怒而威地和他们开开玩笑，让他们喜欢我又对我怀有敬畏之心。同时，我还充分利用了全校学生都很喜欢某一位男教师的心理，为我们班男生的成长树立了一个触手可及的榜样人物。在专门为男生准备的小讨论会上，我问大家："你们都喜欢王老师吗？"他们齐刷刷地举起了手。"杨老师也特别欣赏王老师，他不怕累不怕苦，能控制自己的情绪，有担当，是一个标准的男子汉，所以全校的老师和学生才会都这么喜欢他。"当男生们的情绪被调动起来后，我就势给他们鼓了鼓劲儿——都学做王老师那样的男子汉，行为得体，有风度，不做出让人讨厌的行为。当男生们一出现不太恰当的行为时，我立刻大声问他们："王老师会不会这样做？王老师是怎样做的呢？"虽然"选择成长榜样"是一个在别人看来烂透了的管理办法，但对于年龄幼小的孩子特别管用。我们的孩子特殊，智商只停留在四五岁的光景，所以这一招也收效明显。为了帮助青春期的孩子们保持正确的行事方式和行为习惯，我专门聘请了这位王老师担任我们班男生的成长导师。当发现孩子们表现得比较好或者能够控制一些不良言行，这位导师会配合我及时地给孩子们肯定和奖励。另外，当涉及一些相关生理知识，我这个女班主任不便指导时，王老师也会是我最佳的援兵。

我是一群特殊孩子的班主任，面对一个个鲜活却繁复的成长故事，我的选择是量身而定，用最体己的方式引领"青春"明媚地成长。

［原文发表于《班主任之友》（小学版）2020 年第 4 期］

不可忽视的暗示式说服

车　英

说服学生，不仅是一种手段，更是一门学问。命令式说服往往会引起学生的不满，甚至会引起抵触情绪，而用暗示式说服则可以让学生欣然地接受，达到理想的教育效果。

有一次，班上的小涛和小刚因为被老师批评，先后在课堂上顶撞了科任老师。应该怎么处理这件事情呢?

晨会上，我宣布有一件新奇事和一件麻烦事，让孩子们选择先听哪一件事。孩子们一致决定先听新奇事。于是，我拿出了用废弃的树根做成的“艺术品”，给孩子们讲了这件“宝贝”的来历。我缓缓地说:“孩子们，老师如园丁，你们如同树木，为了能让你们更好地成才，园丁需要修剪枝杈。老师的批评如同助力你们成功的剪刀，你们的错误如同这些多余的枝杈，所以你们要做的就是勇于接受剪刀的修剪！在修剪的过程中，你们也许会疼，但是，经历了这样的过程，你们才能实现华丽转身！”孩子们若有所思地点着头。我望向小涛，他似乎也在想着什么。

“老师，麻烦事呢？快说说看！”孩子们又问。

“唉！昨天晚上回家的路上，我的衣服被溅了很多泥点！”

“啊？这也算麻烦事呀！”孩子们一片哄笑。

“对，这就是我说的麻烦事。如果是你们，会怎么做？”我很认真地问。

“用手或纸巾擦擦不就好了吗？”小刚说。

“那衣服肯定会一团糟的！”班长立刻反驳。

“对，我和班长想到一起了。于是，我回家后就把衣服挂起来了，不去理会它。今天早上泥点干了，轻轻一抖，泥点消失不见了！你们说我的做法好不好？”教室里慢慢恢复了平静，孩子们感悟着、思考着。

“那我们是不是可以这样理解，老师给我们修剪歪斜的枝杈时，如果我们因为痛而产生了抵触的情绪，可以先等一等，等情绪的‘水分’蒸发掉了，抵触的情绪是不是也就会消失了？”学习委员说。

“对，说得太好了！”教室里随即响起了热烈的掌声。

小涛、小刚和我的目光碰触时，满脸通红地低下了头。

不久，两位科任老师在办公桌上发现了一封道歉信。踏入和谐的课堂，书声琅琅，孩子们其乐融融，好似春日里刚刚被修剪过的花木沐浴着阳光，正恣意地成长着……

班级管理工作中难免会遇到一些棘手的矛盾和问题，有些问题不妨先放一放，待问题“冷却”，等情绪的“水分”蒸发掉后再处理，这样也许会收到“柳暗花明又一村”的效果。我们机智地使用一些暗示式说服的方法，使学生在无声中按照暗示改变自己，就能达到良好的教育效果。

（原文发表于《新班主任》2021 年第 5 期）

让积极暗示释放正能量

曹新燕　谭远敬

在教育教学中，有效运用暗示效应能产生意想不到的作用。在此，先借助两则小故事来理解“暗示效应”。

故事一：很多年前，美国心理学家谢里夫做了一个实验，他让大学生评价两段作品，并告诉他们，第一段作品是英国大文豪狄更斯写的，第二段作品是一个普通作家写的。（其实这两段都是狄更斯的作品）结果大学生对两段作品做了悬殊的评价：第一段作品获得了慷慨的赞扬，第二段作品却受到了苛刻的挑剔。

故事二：苏联演员毕甫佐夫平时老是口吃，但是每当他演出时都会暗示自己在舞台上讲话和表演的不是他，而是一个口齿伶俐的人。他的暗示是：“我是一个口齿伶俐的人。”而不是告诉自己：“我是一个不口吃的人。”

我是一个口齿伶俐的人。

我是一个不口吃的人。

一个肯定，一个否定，两种说法意思相同，但效果却大相径庭。前者是积极的心理暗示，“口齿伶俐”赋予了这位演员全新的生命；后者是消极的心理暗示，里面潜藏着“口吃”的暗示。

在教育教学中，您常采用怎样的心理暗示呢？是积极的“你真聪明”，还是消极的“你不笨”？试举几个简单的范例，与您一同思考。

范例 1：

如果我们对学生说“你真笨，这么简单的题目你都做不对”，那么先入为主的消极暗示——“笨”“做不对”已经在学生的心中划下了很深的印迹，细想一下，老师以“你真笨”来泄气，结果又会如何呢？孩子暗示自己“我笨，做不对这道题”，结果真的做不对。很多同人朋友，包括我自己，曾不经意地用这样或那样的消极暗示影响着学生，同时又在“恨铁不成钢”中苦恼着，何苦呢？

其实，要告别消极的心理暗示很简单，我们不妨将上面的说法稍做调整：“这么简单的题目，动动脑筋你一定能做对。”

如此一来，积极的暗示——“简单”“能做对”，如春风般拂过孩子的心田，他们的小脑筋开动了，信心倍增。就算做不对，孩子也经历了探索的美好过程，足够了。美好，重在过程，不是结果。积极的心理暗示对孩子悄然产生着影响，孩子做不对或许不是坏事，或许此时老师的讲解会让孩子的印象更深刻，今后遇到类似的题目，他们的脑袋里会浮现老师耐心讲解的画面，浮现出老师讲解的声音，从而顺利地完成题目。

其实，要告别苦恼、快乐工作，并不难，只要熟悉情绪 ABC 理论 [A 是指诱发性事件（Activating events）；B 是指个体在遇到诱发事件之后相应而生的信念（Beliefs），即他对这一事件的看法、解释和评价；C 是指在特定情景下，个体的情绪及行为的结果

(Consequences)]。这个理论告诉我们：给我们带来苦恼的不是事件本身，而是我们对事件的看法。在上面的例子中，孩子做错题目不是苦恼的原因，觉得“孩子应该做对题目”的观念才是造成苦恼的根本原因。所以，不妨从心底里相信：错误也是一种成长。

范例 2：

如果我们对学生说“如果今天晚上你不完成作业，明天就请家长来”，先入为主的消极暗示“不完成作业”已悄然对孩子产生着影响，很少有孩子会因为怕“请家长”而完成作业，而是会真的像老师所说的那样“不完成作业”。

我们不妨改动一下：“明天，你把作业本放在全班作业本的最上面，老师希望第一个就能批到你的作业。”

“放在全班作业本的最上面”“第一个就能批到你的作业”，暗示了孩子一定会完成作业。这样的暗示是积极的，对孩子产生的影响是正向的，于无形中给予学生成长的正能量。

当然，积极的心理暗示并无定法，积极暗示语也是灵活的、多变的。同样的积极暗示语如果重复 N 次使用，也会产生“超限效应”，因“超限”而过了头，会导致低效、无效甚至负效。

读过《教育中的心理效应》一书后，我发现许多心理效应都是相通的。安慰剂效应、罗森塔尔效应、沉锚效应、名人效应等，它们的作用原理都是心理暗示。让我们一同走向孩子的心灵深处，享受教育的美妙与神奇吧！

（原文发表于《教学与管理》2015 年第 5 期）

让润心的“批评”促进成长

王迎军

周一上班路上遇到了刘老师，看她脸色有些憔悴，就打趣地问了一句：“周末休息得不好吗？”没想到刘老师“唉”了一声，回我：“别提了，周五因为作业问题，我把小静批评了一顿，语气重了一点儿。回到家后越想越怕，以后还真是不能过于严厉地批评学生了，给自己惹麻烦啊！”闻言，在安慰刘老师的同时，我对习以为常的“批评”也多了一份思考。

是啊，批评，在警醒学生的同时，会不会也存在着刺伤学生的可能？批评的目的，绝不是为了发泄不满；批评的方式，也绝不仅限于疾言厉色。批评，是基于对异常行为的深层反思，是对生命向阳成长的思量。润心导行，才是批评要抵达的远方。

把握分寸，批评宜延时

政治课堂上，男生彤不仅没有按照课堂要求巩固背诵，反而在老师巡视时大模大样地画画儿，气得小王老师直接让他站到教室外清醒一下。可彤不仅不出去，还站起来抱着胳膊盯着老师看。相对瘦小的小王老师上前拖又拖不动，打又打不得，气得自己跑出了教室，教室里瞬间乱成一锅粥：有不嫌事儿大起哄的，有埋怨彤对老师不尊重的，也有趁机说小话放松的，一节课的时间因为一个学生而白白浪费。

假如小王老师在发现彤的问题时，能够克制住愤怒，在保证课堂秩序的前提下先完成课堂任务，等课后再与彤谈话，会不会是另外一种结局？起码课后有充裕的时间对彤的言行进行追问反思，能争取到班主任等同盟军的“技术”支持。以退为进，“回撑”才有后招，而孤军奋战，则一败涂地。这个“现场批”，确实不够理智。

攻心为上，批评讲策略

“上课伐心”，要抵达学生内心，让学生感受到特别的关爱，老师的批评可以分步走，给学生一个缓冲和反思的时间。

警告在先静静心。学生犯了错误，老师在调查的基础上告诉学生：“今天的问题老师已经了解得差不多了，来办公室咱俩单独谈谈，我想听听你的想法！”这样私下解决，就给学生留足了面子；听学生的想法，就给了学生陈述的机会；告诉学生事情的进展，也给了学生心理上的警示；去办公室的一路上，更给了学生反省的时间。这样的处置，既给学生敲了敲警钟，也能让学生静静心。

循循善诱动动心。等学生被“请”进了办公室，老师已经占领了话语的高地，此时，可先听听学生的陈述，弄清事情的原委。“怎么，看把你能的，干出这样的事儿，长本事了你！”带着三分笑意，来一句嗔怪的责备，任是再难缠的学生也会低头了。待一切尘埃落定，再动之以情，晓之以理——犯这样的错误不合算、不合适、不合宜，从大处讲破坏了学校的规章制度，影响了自己在老师同学面前的形象，从小处讲耽误时间、耽误学习，于人于己都不利。三斧头下来，批评、说教都入了心，然后老师义正词严地警示，若再有类似的举动，不会像今天这么给面子，绝不轻饶。有严有爱，学生也能从老师的言语里感受到关爱。

不计前嫌暖暖心。对于学生的犯错，老师都能以“和小孩子计较什么”的心态一笑了之，但孩子毕竟还是孩子，特别是有些内向的孩子冲动之后，往往会担心老师对自己有偏见。所以，与学生私聊后，老师还需要多一点细心，课堂上，有意无意地多提问表扬该学生；课下，拍拍肩说说小话。小动作里传达着心无芥蒂的信号，这份暖意，会让学生更加“亲其师，信其道”。

做好沟通，不揪小辫子

生活中我们常发现，有的学生犯错了，经过批评教育，事情已经得到了妥善处理，但因为其他同学、老师或者家长的“老话重提”，导致了节外生枝。

小磊经常不完成作业，刚进入初三，班主任就对其做了耐心细致的沟通工作，之后小磊的表现也可圈可点。然而一天晚上放学后，小磊却突然说自己不舒服，想第二天请假去医院。我感觉有些蹊跷，就利用课后服务时间了解了一下，得知早上数学课代表收作业时发现少了一份，便理所当然地想到了小磊，小磊跟课代表说交了作业，课代表又再次询问，这让小磊心里很不舒服，课代表后来查实小磊作业确实上交了。

针对这一问题，我首先表扬了小磊的进步，然后从正反两方面对这件事做了分析，让小磊认识到正是自己以前经常不完成作业的行为让大家产生了误会，而消除误会最好的办法就是做好自己，做好该做的事儿。之后，我又单独给课代表们开会，叮嘱他们查作业时不能有针对性，不要揪小辫子，更不要戴有色眼镜。接着，我和科任老师们做了沟通，并打电话给小磊妈妈表扬小磊在作业上的进步。一段时间之后，小磊的学习有了明显进步。做好沟通，为学生修正错误创造温和、宽松的氛围，就是给了学生一次转身的机会。

2020 年，《中小学教育惩戒规则（试行）》正式颁布，这标志着适度的批评教育是合理合法的，但这并不意味着任何“批评”都可以无所顾忌。面对学生的问题时，作为老师，我们应该多斟酌慎思量，让润心的“批评”给成长一份警示、一份指引、一份鼓励，进而促进成长。

（原文发表于《威海教育》2022 年第 1 期）

有“度”沟通，推开育人的另一扇窗

杨雪梅

美国心理学家塞里格曼是积极心理学的创始人，他倡导以积极的心态对心理现象和心理问题做出新的解读，从而激发学生自身内在的积极力量和优秀品质，促进他们健康发展。在自己的班级育人和学生管理中，将积极心理学的理念融于细微、用于寻常，是我始终都在坚持的尝试。我也欣喜地发现，面对孩子成长中的种种是非，如果教师能够转换视角看问题、理解问题，多些有“度”的沟通，就能更好地引领学生健康成长。

降低身姿，关照童心

与学生相处，教师习惯将自己置于高高的讲台上，对学生指指点点，一副舍我其谁的架势；与学生沟通，也总是端着师者或长者的架子，惯于喋喋不休地说教。这样的姿态看似站得高，实则与学生拉开了距离，看问题的视线也模糊了。

我的班上曾经发生了这么一件事：一个冬日的下午，第一节是户外体育活动课，宇在厚棉裤外面套了一条薄纱的半裙，这不伦不类的打扮让老师没忍住笑，指着宇说："这是什么奇怪的造型，真搞笑，快回去把裙子脱下来！"没承想，一言出口却如同点了把火，小姑娘先是冲着老师"不用你管，关你什么事"地吼叫，接着就一屁股坐在冰冷的地上，任谁叫谁拉就是不肯起来。

以成人的视角去看宇的行为，确实不可理喻。可如果弯下腰，我们一定可以看到自己年幼时偷穿妈妈的高跟鞋或盯着隔壁阿姨漂亮裙子眼都不舍得眨的窘样。"孩子，这个白裙子可真漂亮，联欢会上你要是穿着它跳舞肯定就是个小仙女。快起来，让我好好看看，正发愁你演出时穿什么呢！"我一边把心里的想法传递出去，一边向孩子伸出一只手。小姑娘略显犹豫地看着我，当捕捉到我直达眼底的笑后，终是抓住了我的手借势站了起来，乖乖地跟着我回了教室。此时，当我再告诉孩子穿什么样的衣服才好看时，她自是欣然接受。

成长中的孩子，内心都有根纤细的弦，老师如果不得其法，站在高处大力弹拨，很容易弦崩音断。班级管理中，班主任只有降低身姿，拉近距离，与学生的沟通才会有爱而无碍。

恰当的高度不难调节，就是我们弯下腰或蹲下身后，能与孩子面对面地互诉心声的那个高度！

站对角度，聚焦亮处

同一处风景，站在不同的角度看，就会有不同的收获与心情。

同理，学生的行为问题，从不同的角度审视，就会有迥然不同的体悟。课堂上的失神，是孩子不愿听、不想听，还是根本听不懂？课间的争斗，是学生本性顽劣还是被激怒后的还手？错误的发生，是有意为之还是无意犯下？有时候，只要教师将角度稍稍偏移，心境就会大有不同：原来，从另一个视角去看，孩子的行为根本就没有那么荒谬离谱，甚至情有可原。

一天傍晚，走廊里的一片嘈杂引起了我的关注。“想挨揍了是不是，看我怎么收拾你，赶快站住！”这个声音我很熟悉，是我们班一个叫君的女生。提起这个女生，我就很头疼：嗓门儿大，经常和老师顶嘴，爱欺负低年级同学，偷拿别人的东西……在她的身上，我时常会感到作为教育者的无助和无力。刚想出声去呵斥，却发现她一边冲着一年级的“小不点儿”骂骂咧咧，甚至还有想动手打人的架势，一边又吃力地蹲下，帮小同学系鞋带。这猝不及防的一幕竟是散着奚落责骂的沉郁却又透着有情有温度的光亮，我意识到自己从不同角度去处理，将会带来截然不同的结果。

“君，升入八年级，真能看出你变成大姑娘了，居然这么热心地在帮助小妹妹！”我这样开口。君抬头看了看我：“杨老师，这个小妹妹可真讨厌，鞋带开了自己还笨得不会系，摔倒了怎么办？”只要稍稍用心，我们就不难听出她抱怨里的担忧，我回道：“她刚上学，很多事都不会，幸好有你的热心帮助。”

有一天恰好我值晚班，晚饭后，学生们都像往常一样主动排好队，君却直奔那张放有我东西的餐桌而去。她小心翼翼地把几本书整齐地摞好，紧紧地抱在怀里，然后又腾出一只手提起了我的便利袋，晃着胖胖的身子向我走来。当我伸手想接过东西时，她说："杨老师，我来吧，您工作一天已经够累了。"说着，怀中的书被她抱得越发紧了，还不停地提醒同学们走路要排好队，别打闹。到了活动室，她又一样一样地帮我把东西摆好，甚至还细心地把书翻到了我做标记的那一页。

这还是我们认识的那个无礼、粗暴的女生吗？整个晚自习，她不但出奇地遵守纪律，甚至还成了我的小助手，主动帮我维持课堂秩序，临睡前还柔柔地对我道了声"晚安"，是什么样的力量催生出了这神奇的转变呢？毫无疑问，就是那天傍晚在她的"骂人"和"助人"之间，我果断地选择了后者，肯定了她身上那抹善与美之光。

在那一刻，如果我只捕捉了她骂人的劣行而没看到她助人的闪亮，任批评劈头盖脸地泼洒，那抹微微浮现的光就会彻底熄灭；如果我处理不当，先批评她的不足再肯定她的助人，那颗已然遭遇击打的心也不会漾起多大的波澜。还好，那一瞬间，我先捕捉到的是她的助人之光。

再顽劣的孩子都有着一颗朝向美好的心，再糟糕的行为背后或许也都藏了一抹光。为人师者很有必要做一名善于捕捉光的人。可能，觅得一束光，照亮的就是一颗颗成长的心灵！而我们能做的，无非就是站到可以看到孩子的美与善、看懂内心真正朝向的那个位置。

换个角度，巧妙化解

法国盛产葡萄，有一年丰收，采葡萄的工人紧缺，很多葡萄园主请不到工人，只能看着熟透了的葡萄束手无策。但一个叫皮尔斯的葡萄园主却没有坐以待毙。他来到城里一家报社，在报纸上刊登了一则启事：“只需每天20欧元，如果您想体验亲自采摘葡萄、酿造葡萄酒的乐趣，请速与皮尔斯联系。”结果，客人纷至沓来。他们付给皮尔斯每天20欧元的价格，摘下皮尔斯所有的葡萄，还热情高涨地完成了整个酿造葡萄酒的工作。同样是葡萄园主，皮尔斯只不过让思维转了个弯，不仅将葡萄全部采摘完毕，而且额外赚了一笔。在班级管理工作中，面对学生的错误时，如果正面管教不能奏效，那么，何不学学皮尔斯，让批评也换个角度呢？

之前我中途接手过一个班，那个班经常发生丢东西的事件，拿别人东西的是班上一个因脑瘫而行动不便、但智力没有什么问题的男孩。在与前任班主任的交流中，我得知她试遍了所有方法，可孩子就是软硬不吃，一直改不了偷拿别人东西的习惯。

走马上任后，我留心观察了这个孩子很长时间，发现他自尊心强，非常渴望得到别人的关注，同时也发现当别的同学受到批评时，他常常幸灾乐祸笑个不停。多年班级管理的经验及对学生心理的研究，让我很快理出了头绪：这个敏感好胜的孩子希望得到老师多一些关注和喜欢，但他自己行动不便、不能清晰表达，身上又总是脏兮兮的，不那么讨人喜欢，长期被忽视后心中就有了一种“你们不好才能证明我好”的扭曲心态。频繁丢东西的起因或许也恰恰在此，因为当听到谁没看管好自己的东西后，冲动的班主任总是先责备孩子自己不会看管，再去“破案”。

几番思索后，我决定“换个角度”试试：抓住孩子渴望认同、渴求关注的心理和喜欢看管东西的特点，让他担任分管班务的小班长，负责监督同学看管自己的物品，并不时地对他的工作进行点评肯定。从那之后，班上丢东西的现象再也没有发生，之前丢失的东西也被小班长“很负责”地找了回来。

一个班级里总有个别孩子的行为是难以掌控的，但是读懂心灵，适当地转换个角度，或许就可以撬开缝隙，找到化解问题的破冰点。

积极是种美好的教育态度，只要身为教师的我们找到那个恰当的“度”，就可以让成长的心灵之窗澄澈、明亮。

（原文发表于《中小学心理健康教育》2019 年第 7 期）

贴着学生心灵的积极沟通

常彩卷　杨雪梅

师生沟通是一种重要的育人方式，有些班主任通过沟通能让学生心悦诚服，而有些班主任说出来的话却会遭遇学生的无视甚至反抗。当我们以审视和研究的视角去反复思考后会发现：所有的沟通都是始于心灵然后抵达心灵的，如果教师缺少了对学生心灵的积极回应，缺失了对学生成长诉求的主动关照，缺乏了与学生情感的正向互动，这样的沟通方式自然就无法触及学生的内心。所以，积极的师生沟通一定是要贴着心灵的。从积极心理学角度出发，谈一谈班主任与学生积极沟通必须具备的能力和素养。

精准解读学生的行为

每个班主任与学生沟通都是希望引导学生防偏纠误，但大多时候，由于读不懂学生内心的诉求，沟通非但不能解决问题，甚至会让师生之间产生隔膜。

课间，一个小男孩在办公室门前来来回回地不知道走了多少趟。“小辰这个孩子就是毛病多，你看他在门外探头探脑的，老师在干什么他都想看看！”办公室的同事们都发现了男孩的异常，一位任课教师率先开了口。“是呀，我上课时他除了不能老老实实地坐着听讲，别的什么事都能干，惹惹这个、碰碰那个，不安分得很。”“你们瞧他之前穿的衣服，什么时候干净整洁过？不是老师没有爱心，像这样打着灯笼都找不出优点的学生怎么去爱？”因为这个学生奇怪的行为，大家七嘴八舌地吐槽起来。“他又往办公室里探头探脑了，我去问问他到底……”一个同事说道。我赶紧起身，对众人说：“我来吧，我想他今天应该是更希望我们能看到他！”脸上带着笑，我叫住了男孩：“小辰，你今天穿这身衣服真精神，妈妈新买的吗？”得到肯定的答复后，我又郑重其事、反反复复地打量了他一番，然后开口道：“小家伙长大了呢，帅气十足！”看到他眼里有些羞赧与喜悦的光芒在闪动，我知道这几句话已经触到了他那希望获得关注与认可的心灵之弦。“快上课了，回教室吧！老师发现你最近上课听讲也特别专注，了不起的小伙子，有进步！”我拍拍他的肩，示意他回教室。下午去上课，小辰端端正正地坐在座位上，全无往常的随意放肆。中间偶有小动作，可一旦与我含着笑的目光有了交会，他立马就恢复了专心致志的学习状态。

学生的成长多么奇妙，他们表达渴求的方式又是多么特别。这个男孩就因为一身新衣而自信满满，渴望这光鲜的一刻能被别人看到。作为老师，看到学生微小的变化，不吝表达我们的赞赏，就是对他们心灵呼喊最好的回应！

发现学生行为中的“闪光点”

一个在某次考试中作弊的学生必定有着一颗对成绩非常在意的心，一个“因为看不顺眼就动手”的学生骨子里可能潜藏着“路见不平，仗义相助”的担当，一个在班级中总是捣乱搞怪的学生可能只是期待能吸引众人的眼球……可在班级管理的现场，班主任扮演的往往是“揪错”“找碴儿”的角色，我们好像不善于发现学生行为当中积极的一面，只会盯住学生某个错误的行为不断深挖扩散。如此教育沟通，学生感受到的只有教师对自己的否定。

班上的凯是学校里出了名的“小霸王”和“闯祸精”，但凡有打架或违纪的事件，十有八九都和他脱不掉干系，我这个班主任拿他真是毫无办法。一天，当班上的孩子慌里慌张地跑来说“凯正满操场地追着隔壁班的一个男生，要去打人家”时，虽然火冒三丈，可我还是逼着自己先冷静下来。当了解到，邻班的那个男生因为在卫生大扫除时耍小聪明，把垃圾倒在了我们班的绿化带里，正好被凯看到了，这才有了操场上那“非得狠狠揍他一顿”的一幕，我似乎看到了些许光亮。“凯，老师知道你是在维护咱们班级的荣誉，那个男生的行为确实太不像话了，我也很生气。”我边说边摸着小家伙的头表示赞赏。“对于一些不文明的行为，总要有人出面制止，你是一个路见不平敢于出手的好孩子！来，咱们商量商量，以后看到这种行为，怎么处理才能让他的不文明受到应有的处罚……”我的这番话，在顽劣的凯的身上竟然引发了神奇的化学反应——他不但能克制自己，更加喜欢参与集体活动和主动为同学提供帮助了，还慢慢地变成了我的小助手，班上的劳动、卫生等一应琐事他都能安排得妥妥当当。

其实对于这一件事，班主任不同的沟通可能会带来截然相反的结果：如果当时我不管不顾把凯批评一顿，那么他行为中关心集体、富有正义感的那一面就被完全忽视了，我的批评非但不能帮助他修正错误，他还极有可能因为觉得“老师只会冤枉人”或“就是看我不顺眼”而越发“破罐子破摔”。如果我既听到了他要打人的消息，也感受到了他行为中情有可原的另一面，但在处理的时候却是先批评后肯定，效果肯定也不好，毕竟，挨过一巴掌后再给的那颗“枣”的甜度会大打折扣。所以，班主任在与学生沟通时，一定要顺势而行，先点亮，再影响。

洞察学生内在的发展需求

很多班主任觉得现在的学生批不得说不得。“我们为什么要批评学生呢？”每次与班主任们交流这个问题时，我都会这么问。大家回我的方式也都很一致：“因为学生犯了错误。”当我继续追问“学生为什么会犯这样的错误”时，回应我的往往是一片静默。说白了，就是老师们只看到了问题，却很少动脑思考为什么会发生这样的问题；只看到了表象，却从来不去探问内因。

学生犯了错，如果老师张嘴就批评往往会使得师生之间隔膜重重甚至会导致师生关系的崩裂，但一个拥有积极思维的班主任一定是会主动试探学生成长中的小心思的，即便是批评学生也能让学生感受到被理解。

曾经碰到一位班主任批评班上造型“雷人”的女生：“你这是什么打扮，怪里怪气的，还不快换回正常的衣服，把头发捋直了！”几句话下来，非但没收到期待的纠偏改错之效，还激怒了学生，女生索性一屁股坐在地上耍起赖来，任老师说什么都是横眉怒目，捂紧耳朵不听。

正碰上这一幕的我仅仅几句话就把孩子“拉”了起来：“你都长成大姑娘了，在意自己的形象、想让自己变得更美更好，这是好事情！来，跟老师去办公室，咱们一起研究下女孩子梳妆打扮有哪些好的技巧……”在办公室里，我进行的是关于学生装扮问题的教育，既有对之前不当的批评，也有对之后打扮的指引，孩子自然心悦诚服。

理解学生，洞察需求，这样的批评因为有了对细密小心思的关照和呵护而别具温情。师生之间不会因开门见山的批评而疏远了，双方心灵却会因为别样的懂得而越发贴近。

适当与学生共情

几年前，去一所学校督导新学期开学工作时，我碰到了这样一幕：一个小男生在走廊里一蹦三跳，嘴里还哼着欢快的小调儿。“徐老师，徐老师，我来了，你看……”迎面走来的应该是他的班主任，男生兴奋地呼喊着、表达着，似乎珍藏了一个假期的喜悦都要在这一刻倾泻而出。“会不会好好走路了，说过多少次在走廊里不可以跑跳，你嘚瑟什么，还不快点儿回教室！”在徐老师的厉声斥责中，男生泪汪汪又气呼呼地进了教室。

事后我了解到，学校里严格规定课间时学生不能在走廊里奔跑打闹。为了严格执行学校的规定，避免给班级扣分，这位班主任以一盆冰冷的“说教”之水瞬间熄灭了一个学生亲师向师、想要分享的热情。试想，当被这样的阴影笼罩后，班主任以后所进行的说教、沟通还能在多大程度上触动学生的心灵之弦呢？

稍加剖析我们不难发现，这位班主任在与学生沟通时所表现出的典型问题是共情能力的缺失——学生的喜悦心情和倾诉愿望，班主任没有捕捉到，或者忽略掉了，因此便有了冰冷地搬出校规校纪、用呵斥回应热情的一幕。

其实这件事完全可以有另一种完美的结局，既能成全学生，又能进行教育：“你这么早就来学校了，看来假期里发生了许多有趣的事，是不是迫不及待地想和老师分享呢？”——这是在共情，是在表明班主任接收到了学生的心灵电波，也愿意倾听。“在走廊里跑跑跳跳撞到了或摔到了多不好，学校也不允许，以后咱要注意哟！”——这是在说教，只是这份说教里更多包含的是对面前这个学生的关心与在意……

教育是需要情感投入的，有效的沟通更是离不开感情的参与引导。作为班主任，如果我们在与学生交流时不能关照到他们的情感需要，不能以积极的言语表达叩准学生的心灵脉门，那么对方所接收到的自然就是生硬的说教和强制的服从，更加容易滋生出不予理会甚至和老师对着干的后果。

关注事件背后的人

师生沟通，毫无疑问主导权是握在老师手中的。遗憾的是，许多班主任恰恰是在主导的过程中失了分寸，理不清自己到底是要指向人还是指向事，往往眉毛胡子一把抓。殊不知，成长中的心灵往往是纤细而敏感的，一旦班主任的沟通稍稍跑偏了方向，就能被学生精准地感知到并做出相对应的回应。

几年前，我的一位同事就遭遇了沟通失利的打击。“说了多少次不让顺着楼梯扶手往下滑，你到底长没长脑子？”“能不能记住，如果下次再扣分，就让你家长……”同事的话音未落，那个恼怒至极的学生早已砰的一声摔门而出。事后当我问同事“为什么不让学生从楼梯扶手往下滑”时，她很是恼怒我的“不明所以”——“学生如果碰到了头或磕伤了腿怎么办？”

其实，同事的回答恰恰也揭示了这场师生冲突的主要问题所在，即老师担心的是学生这个人因为不恰当的行为受到伤害，但沟通过程中表述出来的却是更看重“扣了班级的分数”或“破坏班级形象”，指向发生了偏差，师生间的隔膜也就恣肆横生。这场沟通中，如果教师能明确地把落脚点锁定在学生的人身安全上，比如，“这种行为很不好，一不小心就可能发生安全事故，你得受多少罪？”我相信，学生内心所接收到的便是另一种美好的信号，“老师担心我，我在老师心里很重要”！

还有一种现象也容易导致师生沟通不畅，那就是我们做班主任的往往不善于“就事论事”，而是“以事论人”：学生上学迟到了，我们不是问他有什么特殊情况或提示他这一次违反了规定，而是判定了他就是一个懒散、没有时间观念的人；某个学生因为贪玩没能按时提交作业，我们不是给他提供一些可以参考的自律方法，而是直截了当地认定他这样的学习态度将一事无成……如此把“人”与“事”混为一谈，其实是在不断地用贴标签的方式摧毁着学生的自我认知，这样只会逼迫他们逃离或对抗，并不能起到沟通育人的功效。

班级管理中，师生沟通永远都是一个值得研究的命题。这个命题无论如何千变万化，有一个根都不会动摇，那就是所有脱口而出的沟通话语都要尽力积极正向，也都必须紧贴着学生的心灵着陆，既有基于情感的共鸣关照，又有基于细节的敏锐衡量。情感互动积极了，心灵之间通畅了，沟通自然无碍！

（原文发表于《江苏教育》2022 年第 63 期）

与学生沟通不妨“拘些小节”

杨雪梅

俗话说“成大事者不拘小节”，但这话放在教育中却总是不那么适宜，特别是教师与学生的沟通，稍不留神就会碰伤学生的敏感神经，让沟通失去了有效性，教师郁闷、学生不快。不论教师还是家长，若有一颗愿意蹲下身子感知童真世界之心，若意识到那些被忽略掉的微小的细节其实对学生有着不可估量的心理影响，若愿意在沟通技巧方面多下些功夫，往往会有意外惊喜。

否定前先肯定

在人际交往中有一种策略——“先打一巴掌再给一颗甜枣”，这种“软硬兼施”的惩罚策略在教育中也常常被使用。但我面对犯错的学生时却习惯于“先给一颗甜枣”，再小心地“出掌”。

小辉是我班上一个比较“好斗”的学生，总是忍不住用拳头解决问题。在又一次与其他班学生的冲突中，小辉被送到我面前。我努力不让他看出我内心的怒火，平静地听他给我讲事情的缘由始末：晚间活动时，一个学生调皮地坐在了小辉前面的桌子上，挡住了小辉的视线，小辉要求他下来时，那个学生不依不饶，还扬言“就不下来，你能拿我怎么的”，被激怒了的小辉便出手打了他……

在这件事情中，小辉动手打人确实不对，但凡事有因才有果，何况像小辉这样倔强的学生，与其交流时，若不能让他心服口服，必然会激起他强烈的逆反之心，开口之前着实需谨慎。

“他的做法确实不对，换成我，我也很生气。”我微笑地看着小辉，并拉他坐在对面的椅子上，他看了看我的脸，原本怯怯的表情露出几分释然。“你原本有100%的理儿，谁都会认可你对那种不文明行为的阻止，但是，现在却变成90%都是你的错。”我叹了口气，“很多时候，我们习惯于通过结果来判断对错，我也是，一看你打人了，就会觉得你是个爱打架的学生。你这一冲动，虽然给了那个同学一顿教训，却把自己的‘理儿’输得干干净净，是不是赔大了？”带着几分调侃，我把自己的观点娓娓道来，一番反思，小辉便很快认可了我的观点。“动粗肯定是最愚蠢的问题解决方式，我们是不是可以一起想个办法，既让他得到应有的‘惩罚’，你又不会得不偿失呢？”“以后我会告诉值班老师，或者先忍一忍，等您来了再告诉您……”小辉诚恳地看着我，带着几分肯定的眼神在示意着，“我真正意识到自己的冲动了！”

直到这时，我才“板起脸孔”，严肃地告诉小辉：“你打人的行为让老师特别生气，以后再发生类似的事儿我一定重重责罚你。”对于我最后甩出的“一巴掌”，小辉带着几分欢喜欣然接受了。再顽劣的学生也有闪亮的一面，先给予学生些肯定，再指出其不足，这样更容易让学生接受批评或建议！

尝试换位思考

生活中，我们总是习惯站在自己的角度看问题，而忽视了对方的感受，于是，沟通时便难免产生嫌隙。心理学上有一个概念叫“同理心”，即强调在沟通的时候，能够从对方的立场和视野去观察和思考，以顺应和附和的方法得到对方的认同，进而达到沟通的目的。这一概念的提出正是基于人对“同”的接纳及对“异”的排斥的规律。

小希的妈妈曾向我倾诉：“我也意识到在教育孩子的过程中有许多不当之处，但就是不知错在哪儿。为了让孩子能接受最优质的教育，各种补习班没少报，可就是没有什么效果，与孩子的沟通也感觉越来越困难。”

“上补习班这件事，小希自己是什么意见？”“他自然是不乐意，可是我怕他学习跟不上呀！”家长回答得很直接。“如果别人勉强你做不太喜欢的事，你心里会那么坦然吗？”“那应该会有点儿不太乐意吧！”她犹豫地说。“自己不太情愿做的事你觉得勉强做了会有好的效果吗？”“那肯定不会！”这次没有半点儿犹豫。“可不补习，成绩上不去怎么办呢？”“若是我，我会先问问小希的想法，是想去补习呢？还是愿意自己努力提高成绩呢？不要求他一次能有多大飞跃，但只要每次努力有些进步就及时肯定！强扭的瓜大多是苦的……”

她颇为认同地点了点头。

交流间，小希大汗淋漓地跑了进来。趁机了解下小希的内心吧！我问："你想练字还是画画？""我妈说练字还是画画都随我！"胖乎乎的小家伙一边喘气一边应和。"哇，你妈妈给你的自由空间好大！"话音刚落，小希嘟囔了起来："这还叫自由，我非常想去学武术，可因为之前我只练了半年跆拳道就不练了，不管我多么喜欢武术我妈都死活不同意，非让我补文化课，她根本不考虑我的感受……"

听了小希的"吐槽"，我的目光尽可能带着些许温情与他保持对视："是呀，你妈妈在这件事上确实忽略了你的感受，不过小希，如果我是你妈妈，我也可能会这样，你看，因为之前是你先半途而废才让妈妈不能相信你的呀！"小希原本昂着的头渐渐低垂。"我觉得让妈妈信任你的最好的办法就是做一件事坚持到底……妈妈第一次做母亲，肯定会有不完美之处，可你不也是这样吗？没经验也做得不太好。"我开起了善意的玩笑，"你不喜欢的事，如果肯坐下来和妈妈沟通，如果保证不用补习也能让自己不断进步，效果不是就不一样了吗？""也是，妈妈，对不起，我会努力的！以后做事情再也不半途而废了！"小希仰起脸，郑重的承诺让他妈妈十分欣慰。相互换个位置思考，瞬间拉近了家长与小希之间的距离。

当我们在"为别人好"时，不妨先在内心互换一下位置，静心想想这种"好"是否仅仅是自己以为的好，是否真正顾及了对方内心的感受！

批评前转个弯

在非洲的巴贝姆巴族中，有一个古老的习惯一直被保持至今：每当有人犯错时，族长便会让其坐在村落中央，整个村子的人都会赶来，将这个犯错的人团团围住，用赞美来“教训”他。智慧的巴贝姆巴人用这样一种特别的方式来感化犯错的心灵，提醒对方记住教训、改正错误，不要破坏自己在族人心目中的良好形象——这种别样的“批评”方式在工作中也给了我莫大的启示。

小万是班上一个特别固执的学生，曾经有很多老师反映他“不听话”，安排的卫生任务他经常完不成。明明是一个在劳动上表现非常出色的勤快学生，却屡屡被“告状”，我这个班主任自然是特别气愤。但一想到小万的脾气——一言不合就如同被引发的定时炸弹，还真就不能硬着来。

于是，一天我起了个大早，以检查床铺整理情况为名到学生宿舍“参观”，小万的床铺果然是最平整的（其实，我之前已听说小万很爱干净）。

“孩子们，都评评谁的床铺整理得最好？”浏览一圈后，我开了口。“小万！”学生齐刷刷地回答。“真是怪事，都是杨老师一手教的，怎么只有小万整理得最好呢？你们这些小家伙啥时能像小万一样我就放心喽！”“他们干啥都糊弄，怎么能好！”小万嘟囔着。这个不怎么爱说话的执拗学生愿意发言，就意味着此时他心情非常不错。打铁需趁热，这分明就是绝佳的时机。“是呀，同学们千万记住，用敷衍的心态肯定不能做好任何事。小万，以后你就是小老师，每天检查宿舍卫生这件事就交给你了！”“好。”依旧是闷闷的声音，可多年来对他的了解还是让我一下子就听出那份掩饰不住的小兴奋，其余的学生则乖乖跟在我身后，认真地查看着宿舍的每一个角落。

“对了，”停下脚步，我好像突然想起了什么，“学校把走廊和活动室的卫生分给了咱们班，小万，你可以挑个助手和你一起负责，这事交给别人我不放心，弄不好会扣我们好多分的！”几经辗转，我终于步入今天谈话的正题。“好啊，我很需要一个助手呢！”说完，小万拿起拖把就开始了活动室的地面清理，边干着边指挥同学们靠边走，回教室。

我的心里瞬间开出一朵花：一件棘手的麻烦，稍稍用点儿心思，就变成了最美丽的收获！之后的日子里，我想也许不必再为打扫卫生之事头疼了。

与一颗颗童心打交道，“拘些小节”，于细微处着眼，于最贴近学生内心的地方着手，还怕那些可爱的学生不肯乖乖跟我们走吗？从细节出发，用对方法，相信每一棵小苗都会绽放最别样的美丽！

（原文发表于《福建教育》2016 年第 43 期）

第二章

巧妙借力去引领

作为教师，我们理想中的学生是听话、懂理的，但现实中的学生却常常与期待相去甚远，常常你说你的、他做他的，常常和老师顶着来、对着干。在班级建设中，班主任最大的智慧莫过于能意识到诸如说教、讲理这一类教育方式的苍白和乏力，进而能不断创设契机、巧妙借力去实施成长引领。借力，其实是为了更好地发力！

借“水”释压力

王晓菲

“一枚也放不下。”“肯定放不下了。”听着学生们肯定的话，看着一张张笃定的笑脸，我也笑了，但是依然轻轻地往装满水的杯子里放下一枚回形针。“哇！水没有溢出来。”一个学生惊呼。“等等再‘哇’，你猜还能放下几枚回形针？”我故作神秘地问。“两三枚吧。”听着他的话，我并没有停止手中的动作，五枚已经放进去了，但是水依然没有溢出来。这时学生们开始猜到底能放多少枚回形针。十枚？二十枚？三十枚？一个调皮又大胆的学生直接说一百枚。我依然不语，小心地往杯里放着，三十枚回形针放进去后水还是没溢出来，这时我让一名学生代替我继续往里放。看着其他学生跃跃欲试的样子，我便给每个小组一个杯子、一瓶水、一盒回形针，让他们自己验证答案。五分钟过后，有的小组的学生说，他们放了一百二十枚，已经没有回形针了，但是水还没有溢出来。有的说，他们放了一百三十四枚，水才溢出来一点儿。大家还在热烈地讨论着，我静静地等着他们将内心的惊喜分享给同伴。

初四下学期，学生的中考复习已进入了白热化状态，很多学生跟我说他们压力很大。每天老师的叮咛、父母的嘱托，一遍又一遍在耳畔响起；各科知识铺天盖地地袭来，心理情绪不知如何调节，一些孩子已经出现抵触反感的情绪。借着这个小实验，我说，这个杯子是你，水是你现在承受的各种压力，看似你已经再也无法承受任何一点儿压力了，但其实不然，我们每个人都拥有比自己想象的更强大的压力承受能力，你，远比想象的要强大得多。

孩子们若有所思，我接着说，在学习和生活中，压力和我们如影随形，适度的压力是进步的阶梯，但长时间的高压生活真的会使人崩溃，同学们有什么缓解压力的好办法呢？有的同学说唱歌、听音乐，有的说运动，有的说大吃一顿，有的说睡饱，等等。这些方法都使我们不始终保持着压力的状态，给自己休整和恢复的时间。压力就像这杯水，它只有几十克，用手举着它五分钟谁都可以，举十分钟，胳膊就会有累的感觉。若举上一个小时、三个小时、一天呢？相信很多同学不仅仅是胳膊酸，精神也有可能崩溃。所以压力即便很小，我们也要适时地放下。

上面的这些方法对于缓解压力很有用，但是即便暂时缓解或放下了，压力还依然存在。我拿出了一大一小两个玻璃杯（这两个玻璃杯都比最开始的杯子要大）。我将刚才的那杯水倒进了比较大的那个玻璃杯里，水只占了杯子的一半，我又将水倒进了最大的杯子里，水只占了杯子的三分之一。这时我让学生们说，从刚刚的实验当中你得到了什么启示？同学们说，在水不变的情况下，杯子越大，水占杯子的体积就越小。我对同学们的发现做出了肯定，接着说，我们通过自身的努力，不断地使自身变得强大，当我们足够强大时，压力自然就小了，这时你一抬头，发现天空飘来五个字儿——“那都不是事”，孩子们都笑了。其实压力也给我们带来了很多积极的改变，比如强压下你的钢琴水平达到十级了，压力下你的英语口语能力提高了，学习也突飞猛进，这些都是压力的馈赠。

美国最高法院首席大法官约翰·罗伯茨在他16岁儿子毕业典礼上的一番话被誉为当年全球最佳毕业演讲，你知道他送的祝福是什么吗？他说，“我祝你不幸且痛苦”，表面看这更像是“诅咒”的话，其实是最深刻的祝福。因为只有当你面临不幸，承担痛苦，接受它们带给你的巨大压力时，你才能调动全身所有的潜能去应对，自我的成长和蜕变可能在那一霎那就完成了！我把这句祝福改成“祝你压力常伴”送给同学们，希望我们在压力中迅速成长。

这节课，通过“一杯水”引发学生思考，让学生解读压力，走进压力，缓解压力，直到享受压力。学生认识到压力对于人的成长也是有积极作用的，今后能够正确对待学习和生活，并学会减轻和释放压力的方法，尝试将压力转化为动力，鞭策自己不断前进。我们也要让学生懂得，人生难免有压力，但要积极面对，做生活的强者。正如《欢乐颂》中所说，即使生活是一地鸡毛，我们也会欢歌前行，哪怕成长的路上处处有荆棘，我们依然会坚强面对。

（原文发表于《学生·家长·社会》2022年第7期）

成为真正的“水手”

杨雪梅

期中考试结束，在一番总结回顾后，我要求学生确定自己下一步的目标。

“我的目标是期末考到班级第一名！”这是小晨的目标，事实上，他的成绩始终在班级中下游徘徊，很显然，这个目标远而大，实现起来相当有难度。“我希望自己能够努力再努力，让学习成绩有所进步。”这是小宇的目标，努力只是一种对生命状态比较空洞的形容，她并不清楚如何把它具体化，并付诸行动。“我的作文写得不好，我的目标是每天抽出一段时间来读书，每周坚持练笔……”谈及目标和规划，小桐都是这一套，却从来没有坚持下去。

成长路上，每个学生无疑都应该有自己的目标。只是，如何设定合理的目标，该以什么样的状态和方式促进目标达成？这对学生来说却是鲜少涉及的话题，更是亟待补上的一课。

开启触动心灵的按钮

“同学们，你们唱的什么歌呀，这么好听？”逮住学生课间哼唱的机会，我开启了“别有用心”的聊天儿模式。“老师像你们这么大的时候，也有非常喜欢的歌星，也有时常哼唱的歌曲。前两天，我无意间看到了一段视频，瞬间，我的回忆被激活了……”半大的孩子永远对老师的生活世界充满着好奇，于是，他们围着我，非得听我说说不可。被缠得“无奈”的我只好打开电脑找出那段视频：歌手郑智化在舞台上拄着双拐倾情献唱。

“天啊，这个歌手是残疾人呢！”“这首歌虽然挺忧伤，但听起来让人感觉有力量。”……我清了清嗓子，顺势对郑智化进行了介绍：郑智化，中国台湾地区歌手，两岁时因患小儿麻痹症落下了残疾，但身体的缺陷并没有影响他对梦想的追寻。刚开始工作时，他从事的是广告行业，为了出人头地，他有时候一天只睡三四个小时。后来，他迷上了音乐，就辞职专门研究音乐，其他人都说：“你当不了歌星，也养不活自己。”可是这个执着的年轻人始终不肯认输，朝着目标不断地努力。《水手》这首歌就是他的代表作之一。

“这个故事，给你什么触动？”我问。孩子们纷纷表达了自己的看法：“这种朝着目标不断坚持的力量是伟大的！”“他虽然身有残疾，但意志坚定，这种精神太值得我们学习了。”“是内心的强大和坚持的力量成就了这位歌手。”……孩子们的目光中，有着源自心灵的触悟和感动。

明确目标朝向的重要性

“像郑智化那样，真正的水手都是勇于面对困难、敢于自我挑战的。同学们，你们敢不敢迎接杨老师给的挑战？”孩子们很容易一“激”便上钩。于是，我以游戏的方式带着大家开启了别样的体验。“给大家20秒时间看屏幕上的表格，要仔细看哟！”我提醒，并用大屏幕展示了一张填满了字母的表格。

20秒的时间，孩子们观察得非常认真。可是，观察结束后，我问：“一共有多少个字母A？”“第3排的第4个字母是什么？”这时大家一脸茫然。“为什么大家这么认真观看却回答不出老师的问题呢？”同学们从各个方面找寻原因，最终达成了共同的认知：因为事先不知道我的要求是什么，所以观察的时候毫无目标。

毫无疑问，当孩子们明确了问题后再观察表格，便很轻松地确定了答案。“有了目标，看表格就有了方向。学习也是这样，只有确立了目标，我们才有努力的方向。孩子们，我们都是学海中遨游的小水手，你为自己确立的学习目标是什么呢？大家不妨把它写在自己的目标卡上，然后我们互相分享一下。”

引导孩子们在活动中明确目标，找寻内心的灯塔，这是学生成长的基础。

制订合理、具体的目标

有了目标是不是就能够实现呢？从孩子们的现实成长来看，完全不是这样的。目标虽有了，但有的宏大高远，非一时之功所能达成；有的含糊空洞，不容易落实到具体的行动中。

我先以一个绘画游戏来帮助孩子们意识到小目标的重要性：当我的指令是让大家“画西瓜”时，同学们轻而易举地完成了；当我要求大家“画苹果、芒果、香蕉、梨、葡萄各一个”时，大家完成起来就有了一些困难，因为需要不断回忆要画哪些水果；最后，我提出“画一幅世界名画《蒙娜丽莎》”的要求时，孩子们你看看我，我看看你，完全无从下笔。找寻原因，大家有了共同的认识：画世界名画这个目标太大了，对小学生来说是无法达成的。

“是呀，通过刚才的绘画活动我们知道，目标小一点、具体一点更容易实现。所以，孩子们，我们制订目标也一定要具体一点。现在，老师给大家一点儿时间，请你再次修改自己的目标，制订一个小目标……”我知道，成长就是一个不断出错、试错、修正的过程，学习目标也需要修正。

“有这样两名同学，他们针对自己的目标做了详细的规划，现在咱们来比较一下，看看哪一种方案更值得我们学习。”我展示了两名同学的学习计划：第一名同学的目标是将数学分数从 60 分提高到 80 分以上，他的计划是每天晚上回家主动学习；第二名同学的目标是将作文分数从 18 分提高到 25 分，他的计划是每天晚上回家写完作业后坚持半个小时的阅读，并摘抄读书笔记，坚持写日记。为防止自己坚持不下去，他还邀请了父母、同学监督。稍一比较，大家便会发现，第二名同学的目标实现过程更具体，也有保障措施。通过这样的环节设置，我引导学生深度思考：自己定的目标是否可行？可以用什么样的方式来达成目标？

见证坚持的力量

在交流的过程中，有一名同学说出了自己的烦恼：她给自己制订的目标是好好学习，期中考试考进班级前 10 名。为了实现这个目标，她每天晚上回家写完作业后再复习半个小时；早上 7 点起床后开始学习，并将玩电子游戏的时间用来复习功课。可是在具体行动的时候，电视、游戏都在向她招手，爸爸妈妈的劝说也毫无效果……

这名女生的经历绝非个案，她的经历引起了大家的共鸣。于是，我分享了一个人如同“水手”般的成长经历：6 年前，她把自己看电视、玩游戏、逛街的时间都取消了，因为想试一试把这些时间利用起来自己到底能读多少书；同时，她坚持每周都写至少 3000 字的文章，用文字来记录自己和学生的故事，也用文字来反思自己教育中的得与失。这 6 年里，她连大年三十的春节联欢晚会都没有看过，也从来没玩过火得一塌糊涂的短视频软件。她阅读，认认真真地做读书笔记；她写作，一遍又一遍地打磨修改自己的文章；她研究学生和教育，并且用自己的经验不断地去影响和带动别人……6 年来，她在知名期刊上发表文章 500 多篇，出版了个人专著，她的事迹被许多媒体报道和宣传，很多杂志都将她作为封面人物。“想知道她是谁吗？”在大屏幕上，我展示出自己在各大杂志封面上的照片。孩子们愕然，显然，这是他们第一次认识到自己的老师的另一面。

“从杨老师身上，你学习到了什么？”我问，“当你们也可以同我一般执着，一样坚持，你们也将成为真正的‘水手’！”我知道，有了这样的心灵之旅，此时的歌声更有撼动心灵的力量。

帮孩子们找到目标，优化目标，为实现合理的目标而付出实实在在的行动，成为生命航程中主宰自己命运的“水手”，这是师者的职责。我的引领，弯弯曲曲，却都是努力地贴着心而行的！

（原文发表于《新班主任》2022 年第 1 期）

帮“孤雁”回群

张　鹏

大雪连着下了两天，校园银装素裹。大课间，同学们纷纷走出教室，奔向操场打雪仗、堆雪人。

我随意走着，和同学们打招呼，偶尔加入几支小队伍玩一玩，并拍照记录这温馨美好的瞬间。正打算回去时，我发现了独自站在教学楼入口处的小佳。她低头抚摸着护栏，眼睛悄悄瞟向正在堆雪人的同学，又迅速收回来，挪动双脚，又抬头看看天，随即又将头转向教学楼。

据我观察，小佳是个内向寡言的孩子，她总是默默地坐在座位上低头看书或发呆，当周围的同学课间开玩笑时，她也会低头会心一笑，但从不主动搭话。我觉得，小佳的内心其实十分渴望友谊，只是她不敢主动去交朋友。

此刻，形单影只的小佳就像一只落单的孤雁，她希望和同伴一起飞翔，但还没有飞上前的勇气。

当大家享受群体游戏的快乐时，小佳却承受着孤单的煎熬。作为小佳的班主任，我有责任让小佳回到集体的怀抱，享受集体的欢乐。

我没有直接走到小佳身边，怕会引起同学们的注意，从而给她增添心理负担。我随意走着，停在一向热情爽朗的怡身旁，拍拍她的肩膀，在她耳边小声说："你去叫一下小佳，让她过来一起堆雪人。"随后，我站在一旁远远观察。只见怡笑着走到小佳身旁，拉起她的手，一起走向堆了一半的雪人。小佳依然羞涩，躲在人群后面，怡又主动把她拉到雪人旁，对她说了几句话，她便蹲下来堆起了雪人，慢慢地，她的动作自然了。

我假装从她们身边经过，惊喜地说："这个雪人真可爱，我都想把它搬回家了！"同学们听了，纷纷说："老师老师，我们捏几个小雪人送给你。"我说："好啊，我很期待大家送给我的雪人。"我又趁机对小佳说："小佳，你很有艺术天赋，捏的雪人真好看，你和同学们多捏几个送给咱们班的老师吧。"小佳羞涩地笑笑，点头答应了。

我退到一旁，看着同学们捏雪人。小佳灵巧的双手捏着雪块，雪人渐渐成形，在这个过程中，她偶尔抬头，看看同学们捏雪人的样子，然后笑一笑，说上几句话。快上课时，小佳和怡捧着亲手捏制的小雪人去办公室送给老师，老师很感动。

这件事后，我告诉善良热情的怡，希望她在组织班级活动时尽量叫上小佳，怡痛快地答应了。我很高兴怡这只热心肠的"小雁"能主动拉小佳一起飞翔。小佳找到了伙伴，慢慢变得主动起来。

小佳是个认真、细心的孩子，基于此，我又推荐她做班级积分管理员，负责对接值日班长，汇总同学们的每日积分。每周一，小佳将班级一周积分整理得清清楚楚交给我，我也会在班会课上表扬小佳。小佳逐渐找到了自己的价值，建立了自己的朋友圈，愈加自信了。

其实，孩子都渴望友谊，但不是每个孩子都敢主动大胆地敞开心扉，拥抱他人。面对那些内向、自卑的孩子，班主任应该在集体活动的热闹中去倾听他们的心灵独语，帮助他们、鼓励他们。班主任一方面可以寻求热心同学的帮助，另一方面要帮助他们建立自信，鼓励他们主动交朋友，扩大朋友圈。

（原文发表于《新班主任》2022 年第 5 期）

帮友谊的小船行稳致远

刘昌波　杨雪梅

向来活泼开朗的颖最近情绪低落，就连参加最感兴趣的漫画社团活动，她都提不起精神。经过一番“探查”，我找到了问题的症结：原来，与颖形影不离的彤近日有了“新欢”，一下课就跑出教室，找隔壁班的楠玩。

我理解颖因好友的疏远而产生的不适与失落，觉得有必要和她聊一聊什么是友谊。

趁着颖到办公室送作业，我拉着她一起欣赏我费力寻来的船模，说：“这只小船精致吧。来来来，帮老师一个忙，我很好奇这只船在水中的浮力到底有多大，咱往上头装点儿‘货物’试试？”

物理老师的办公桌上正好有一排砝码，我拿来当“货物”，我一个劲儿地把砝码往我这边的船身上摞。

“哎呀，老师，你这样不对……”还没等颖说完，小船已经翻了。

“师生间友谊的小船，怎么能说翻就翻呢？”我开玩笑地说，还刻意加重了“友谊”二字的语气。

“老师，你把砝码都堆在了一边，这边压力太大了，不翻才怪！”颖指出了我的失误。

接着，我抛出“鱼饵”，说：“老师最近有个烦恼，我有一个好朋友和别人玩得可好了，我有点儿不开心。我觉得，在这段友谊中，我付出的明显更多一些，就像我们刚刚看到的小船一样，两边承受的重量不等，小船就会失去平衡，最终翻倒。你能不能帮我支个招，平衡‘友谊的小船’？”

这一问，看似是请颖为我支招，其实是想引导她找到解决自己遇到的问题的方法。

颖没有察觉，安慰我说：“老师，你要大度一点儿，朋友不是我们的所有物，而是自由的人。真正的友谊与别的东西没有关系，只要两个人之间相处得舒服自在……”

我顺着她的话说：“是呀，换个角度想想，当朋友收获了更多的友谊，意味着自己的朋友圈也在扩大；当朋友在成长、在进步，自己也有了努力的目标和追赶的方向，这该是多么美好的事情呀！你说对吗，颖？”颖点了点头。

我又说：“前几天老师在网上看到了一组漫画，叫《友谊的小船说翻就翻》，你想不想看看？”

“想看！”颖十分喜欢漫画，听我这么一说，立马凑到电脑前。

“乘坐在友谊之船上的两个好朋友，如果有一方变瘦，友谊的小船说翻就翻哟！”我声情并茂地读着，“你说，这么快就‘翻’了的友谊能不能算真正的友谊？”

“肯定不算！”她坚定地说。

“那你觉得真正的友谊是什么样子的？”

“我觉得真正的友谊应该是稳定的，朋友之间要互相信任，不能因为一点儿小矛盾就绝交。”

我长舒了一口气，说：“颖，谢谢你今天的开导，老师知道该怎么做了。朋友间不应该过于依赖，而应该在相处时平等宽容，独立时各自精彩。你若盛开，蝴蝶自来。我现在要做的就是提高自己各方面的能力，让我的朋友为我自豪。”

颖觉得帮我解决了问题，笑得比我还开心。我从头到尾都没有提颖和彤之间的矛盾，但我相信，颖一定能够从今天的谈话中找到她自身所面临的问题的解决办法。

（原文发表于《新班主任》2022年第3期）

巧用鸟笼效应转化“熊孩子”

曹新燕

1907 年，美国著名的心理学家詹姆斯退休了，跟他同时退休的还有一位著名的物理学家卡尔森。有一天，詹姆斯对卡尔森说：“我近期会让你养一只鸟。”卡尔森听完后回应道：“怎么可能，虽然你是研究心理学的，但我这辈子都没养过鸟，在接下去的日子里我也不想养鸟，因为我对鸟一点儿兴趣都没有。”詹姆斯笑了笑，没有说话。

第二天，詹姆斯给卡尔森送去了一个精美的鸟笼，卡尔森看了后哈哈大笑道：“朋友，没有用的，我只会把它当作一件精美的工艺品，根本就不会去买鸟。”

自从卡尔森有了这个精美的鸟笼后，每次家里来客人都会问他：“你鸟笼里的鸟呢，怎么不见了？”卡尔森只得每次都跟大家解释：“我从来就没养过鸟，也不喜欢鸟，这个鸟笼是别人送给我的礼物。”但面对这样的回答，客人们每次都将信将疑。时间久了，卡尔森实在受不了了，索性去买了一只鹦鹉回来，免得大家再问这个鸟笼里为什么没有鸟。这时，卡尔森不得不承认詹姆斯成功了。

这就是心理学上著名的“鸟笼效应”。

“鸟笼效应”就在我们的身边，它影响着我们的生活，也改变着我们的教育。

我的班上总会有几个让人头疼的孩子，他们或是不听话，或是学习不好，或是经常不完成作业……在此，我不想为他们冠上“后进生”的帽子，我想带着几分亲昵、几分喜爱，称他们为“熊孩子”。在教育教学中，应该怎样发挥“鸟笼效应”的作用，帮助“熊孩子”取得进步呢?

给每一个“熊孩子”发喜报，是我的绝招之一。相比好孩子，“熊孩子”更渴望获得喜报，更渴望得到欣赏与赞美。

给“熊孩子”发喜报，奖励名头是什么呢?我总是从孩子的缺点入手，确定奖励名称。字写得潦草的孩子，我会发“书写进步星”；不喜欢背诵古诗的孩子，我会发“诗词诵读小达人”；不爱写作文的孩子，我会发“班级小作家”……在颁发这样的喜报之前，我会先做一番功课，采用“三步法则”，帮助孩子名副其实地获得喜报。

我教过一个叫永强的孩子，他写的每个字都出方格，活像满页纸上爬满了形态各异的“小螃蟹”。于是，我开始充分发挥“鸟笼效应”，开始部署第一步：与家长紧密配合，送孩子一个精美的“鸟笼”。

首先，我和永强爸爸沟通，让他晚上陪伴孩子完成语文作业，并且想尽办法让孩子写的字不出方格。第二天永强的字小了许多，虽然那些字看上去像是用小树枝写的，但我还是表扬了他的努力与进步，并掌声鼓励。

晚上，孩子一回到家，永强爸爸就说：“儿子，今天班主任给我打电话了，他说你的书写进步特别大，一个字都没有出方格。今天晚上，你要加油，争取写得更漂亮，好吗？”（这是我和永强爸爸提前沟通的做法）此时，老师和同学的掌声、爸爸的鼓励化为一个精美的“鸟笼”，悄悄地在他的心里发挥作用。

如此坚持几天，当掌声和鼓励的作用减弱时，我就将他进步的作业挂在展示墙上，并颁发给他“书写进步星”的喜报。这是永强获得的第一张喜报，意义十分重大。当请他与同学分享获奖感言时，他激动得说不出话来，眼眶湿润润的。课后同学们夸赞他，他羞涩地微微一笑，眼睛里闪过一丝自豪与坚定。我暗暗自喜：“鸟笼效应”开始发挥威力了，我还要再加一把“火”。

其次，我和家长沟通，晚上让永强自主完成作业。哪怕没有家长的陪伴，他也能把字写得很好。第二天，我又隆重地表扬了他，并把展示墙上的作业替换下来。就这样，不断替换着，改变着，进步着。在“鸟笼效应”的激励下，他的字一天比一天写得好。

可是一段时间之后，同学们不再过来围观，他的字偶尔又出方格了、潦草了。这时，我开始实施第二步：反复强调“鸟笼”里没有鸟，刺激孩子想要“买鸟”。我把作业写在田字格上，中间空一行，复印出来，发给全班学生，并让他们回家好好临摹老师的字。当永强交上来的作业不够工整时，我说：“‘书写进步星’要变成‘退步星’喽！”听罢，永强羞愧地低下了头。“老师的字这么端正，你的字张牙舞爪，好不搭啊！今晚好好模仿，和老师的字完美搭配，好吗？”他点点头，眼里闪过一丝亮光，似是暗暗下了决心。

最后，和家长取得联系，实现家校无缝配合。晚上，在永强练字之前，爸爸先夸赞：“你瞧，老师的字写得真漂亮，要是我们儿子能写出这样的字，该多好啊！”爸爸夸完，妈妈接着夸：“放心吧，咱儿子都得了好几张‘书写进步星’的喜报了，有老师的字当字帖，他一定能把字写得更漂亮！”那天的字，他临摹得很认真。

第二天，我夸赞永强模仿老师的字很用心，接着把他的“仿真作品”挂到展示墙上。开始第三步：持续强调爱惜“鸟笼”，更要爱惜自己的“鸟儿”。

为了让工整书写成为永强终身受用的好习惯，当永强的字又像“小螃蟹”时，我会及时提醒他：“学会自我管理，要时时刻刻让你的字和‘书写进步星’的称号相匹配呀！坚持下去，老师相信你在期末时能获得‘书写小标兵’的称号！”当永强改正了，我会及时鼓励他：“加油！你离‘书写小标兵’更近了。老师相信，你一定能获得这个称号！”

因为我持续不断地强调，认认真真写好字已渐渐融入了永强的潜意识里，内化为不竭的动力……

新学期开始，我不再教永强了，但四年级的鲁老师常对我说：“永强现在在我班，他的字写得真好。”我微微一笑，自豪地说：“那当然，他可是我们班的‘书写小标兵’呢！”如果每一位教师都能从改变“熊孩子”的环境着手，用环境去影响孩子的行为，那么我相信每一个“熊孩子”的改变都会演绎成您教育生命中一道美丽的风景。

（原文发表于《教学与管理》2018 年第 2 期）

三张纸条唤醒学生向好之心

李文欣　解新颖

小明是一个让所有老师都头疼的男孩，他说话经常不分场合、不分对象，有时甚至上课故意接下茬。尽管前几任老师做了大量工作，也找家长介入过，可收效甚微。为了转变他，我尝试了许多矫正方法，可不管是严厉批评还是好言相劝，小明依然保持“个性”。怎样才能燃起他对真善美的向往，唤醒他改变的意愿呢？经过深思熟虑，我想出了一个有耐心、渐进式的方法——“三张纸条”。

纸条一：好朋友想对你说

这个年龄段的孩子都有自己的交际圈，处于同一个圈子的他们会互说心里话，有激励表扬，有批评指责，也有互助提携。朋友间的这种交流是零距离的，对于朋友的意见，他们也比较容易接受。因此，我充分发挥好朋友的力量，找来小明信任且了解他的几个好朋友，让他们本着对朋友负责的态度，客观公正地分析小明的优点和不足，并针对小明的不足提出改进方法和建议，然后用心书写好小纸条悄悄交给小明。

小明，你是我的好朋友，我有责任帮助你。你聪明，爱动脑，喜欢回答问题，经常有自己的独到见解，而且愿意帮助有困难的同学，这些我们都看在眼里，特别为你骄傲。但有一点我一直不太理解，就是上课的时候你总是随便接老师的话，这样既干扰了老师讲课，又影响其他同学听课，既不利人又不利己。作为朋友，我直言不讳，希望你能正确认识自己在这方面的不足，勇敢面对，努力改正。我相信你一定不会辜负我们对你的期望，我期待着你的转变。不知道我说的你是否能接受，如果不能接受可以单独找我聊，我只是为了你好，希望能尽快看到一个不一样的你！

好朋友推心置腹的小纸条对小明的触动很大，他的行为有了改变。一次，我约他谈心，他略显羞涩又很有深意地说："好朋友都想帮助我，让我做得更好，我当然要积极响应，主动去做。可我就是控制不住自己，其实话一出口我就后悔了，以后我会尽力控制！"我很欣慰，小明正在向好的方向转变。

纸条二：妈妈想对你说

父母的正确引导是孩子健康成长的基石，要想真正改变小明，还需要家长的帮助。在平时家校交流中，我发现小明妈妈的想法和我比较一致。于是，我邀请小明妈妈来到学校，向她说明了通过师生共同努力后小明发生的可喜变化。小明妈妈很高兴，并问接下来她可以再做点什么。于是，我顺势请小明妈妈也写一张纸条，对小明给予肯定，并表达出对小明的期望。

> 小明，妈妈突然发现你最近改变了许多。在家里，你可以安静地完成作业，我不用多催促了。平时我和爸爸说话时，你也能静心聆听，不再随便插话，有时你提出的建议和想法都很有道理。你能取得这么大的进步，妈妈真替你高兴！昨天我遇见了你的同学小芳，她说你改变了很多，同学们也越来越欣赏你。以前，你总是觉得妈妈唠唠叨叨，其实妈妈是想帮助你向好的方向发展。现在你已经做到了，真棒！妈妈相信你会有更好的表现！

新的一周开始了，我密切关注着小明的一言一行，期待着“妈妈想对你说”会有新效果。果然不负所望，任课老师的反馈让我欣喜不已。小明上课能认真听讲，不随便插话了，其他方面也有了很大改变……

纸条三：老师想对你说

在重要的时间节点上，老师的适时引导和点拨会对孩子的成长起到至关重要的作用。我决定趁热打铁，“老师想对你说”顺势而生。我用真诚的期待和温情的鼓励填满了整张纸条。

> 小明，在你身上，老师看到了一股强大的正能量，这正是我所敬佩和期待的。当一切从不可能变成可能时，我听到了你拔节成长的声音，看到了你的坚持和自信。成长的道路从来就不是一帆风顺的，可能会有风，有雨，有荆棘，有坎坷，但它偏爱于有准备的头脑，更偏爱于有错就改、不畏困难、一往无前的人。有思想、有个性没有什么不好，但我们要敢于接受别人的善意批评，用行动去见证精彩。明天就在前头，加油！

我不断通过小纸条进行着后续的跟踪指导。一个月后，我带着信任和鼓励再一次找小明谈心："妈妈说你在家表现很优秀，老师说你在课堂上听讲十分认真，同学们说你像变了一个人，我也看到了你的可喜变化，你创造了奇迹。老师很开心，祝贺你！希望你能保持住这来之不易的成果，做到更好！"那一天，我从他的眼神中读到了自信和满满的正能量，他走出办公室时，腰杆挺得直直的。

教育的本质意味着一棵树摇动另一棵树，一朵云推动另一朵云，一个灵魂唤醒另一个灵魂。每个孩子都有一颗向好的心，我们的教育不仅要有方法，更要讲艺术，如此方能帮助迷失的孩子找到回家的路。

（原文发表于《班主任》2022 年第 4 期）

储存情感的“小鱼银行”

王丽娜

“忙什么呢，王老师？”每周五下午班主任会前，当身边的同事兴奋地谈论着周末的安排，为忙碌的一周即将结束而欢欣鼓舞时，我总是在奋笔疾书。不熟悉我的班主任坐到我身边按捺不住好奇，凑上前来问一问。

“这是我和学生每周的约定，我不能让孩子失望。”

“如果我是学生，收到这样一张精美的纸条，大篇的细心观察和由衷赞美，我一定得感动哭了。”陈老师看着我给孩子们写的字条，向我投来钦佩又羡慕的目光。

是呀，自“小鱼银行·情感储蓄”活动开展以来，感动哭的孩子又岂止一两个，就连我自己，也常常带着泪花和孩子面对面，听他们读着写给我的话，但我们还是那么热切地盼望着每个周五的最后一节班会课，因为“小鱼银行·情感储蓄”活动的交流环节和抽签环节就在这节班会课上进行。

“小鱼银行·情感储蓄”活动的程序是在每张扑克牌上写一个学生的名字，有一张写了我的名字，孩子们随机抽取，抽到谁的名字，就将他当作观察对象，默默观察一周，所有人必须保守秘密，不让当事人和任何其他同学知道自己的观察对象，直到周五，用细节描写的方式呈现自己一周内发现的对方的优点。班级交流时两个同学面对面站好，观察者真诚地为对方朗读文字，被观察者也就是收到“情感储蓄”的同学诚恳地说声“谢谢”。担任班主任的这些年，“小鱼银行·情感储蓄”活动一直是我们班的保留活动，沿用至今。每个学期初，我都会给班里的孩子和自己准备一个信封，将其设计成银行存折的样式，表面留白，极尽简约。在活动启动的第一节班会课上，我让孩子们用自己最喜欢的颜色和字体写上标题“小鱼银行·情感储蓄”，学期末最后一节班会课，我和孩子们重温这些带着温度的信纸，并为自己的存折画上喜欢的封面，珍藏起来。记忆中，收到我的“情感储蓄”后哭得最厉害的孩子是小海。

小海在读初二时父母离异，他被判给了爸爸，不巧的是爸爸出了车祸，住院期间小海就被寄养在姑姑家。由于家长疏于监管，在这一段时间小海结交了几个社会青年，学会了泡网吧、玩游戏，养成了许多坏习惯。我想和他深入地交流一番，然而坐在我办公室的小海显然早就预料到这一天的到来，没有紧张不安也没有对我坦诚相待，只是承认这段时间结交了几个朋友，但是对于他们的兴趣点和关注点，小海不愿意多谈，他不想“背叛”自己的朋友。当我抽到的扑克牌上写着小海的名字时，我激动万分。这一周我观察得格外用心，努力捕捉着小海的每一个闪光点，到了周四晚上，我翻看着班级相册中的照片，回想着这两年和小海相处的点点滴滴，回忆着一周以来小海的表现，我灵机一动，不如这次换个形式，就用这些照片吧！我找出两年来所有镜头中有他的照片，将这些照片制作成幻灯片，配上音乐，以他的视角写出每张照片中他的内心独白。初一上学期，我们班去海边参加“环保公益行”活动，照片中他正弯着腰捡拾垃圾，看到我的镜头腼腆地笑着。我在旁边写道：“我不怕苦，不怕累，今天，我的‘收获’最多。”还有一张初一下学期的照片，拍的是小组合作周表彰大会，那一天小海发着烧，小脸通红，但依然坚持着上完了所有的课，我在照片旁边写道：“小小的我，有着坚强的内心和大大的能量。”还有一张照片是正值课间操时段，我无意中经过教室时抓拍到的，同学们都已经走出教室准备排队，小海一个人默默地擦着黑板，做着不属于他的值日任务。面对我的夸奖，他云淡风轻地说：“老师，您不是说过嘛，让任课老师亲自动手擦黑板是我们班级的耻辱。”我在照片旁边写道：“对于班级的热爱源于本能，细心、大气是我的名片。”……班会课上我语重心长地读着这些文字，照片唤起了同学们记忆中那个曾经的小海，也翻腾起了小海对自己以往的认知，那一刻小海成了全班目光的焦点，那一刻他是我们的主角。小海默默地从座位上站起来，大颗大颗的眼泪从他的脸上滚落下来，他走到我面前，深深地鞠了一躬。周一早上，我收到了小海久违的干净整洁的作业，也收到了他作业下面的一行小字：“老师，我知道该怎么做了。”那一刻，我知道他读懂了我的话，也读懂了我隐含的强烈期待。

无须过多的语言，“小鱼银行”中储存的情感能量激活了小海的记忆，让我找到了打开小海心门的那把钥匙。如果没有时间为媒，没有“小鱼银行”情感账户中一点一滴的存储和积累，那么，当师生之间需要支取情感时，就会发现：我们两手空空。

“老师，今天班主任会内容多不多？布置完任务咱们早点儿进行‘小鱼银行·情感储蓄’活动吧。”这是在班会课前我最常听到的一句督促，这一次，督促我的人是小雯，这不禁让我想起我和小雯之间的故事，以及小雯观察我、为我们的情感账户“存款”的那次班会课。

9月1日，初中开学第一天，小雯便忽视了我在新班级群中三令五申的要求，没有穿校服到校。初次见面尚且不了解对方的脾气秉性，检查仪容仪表时，起初小雯欲言又止，后来在我的逼问下她索性堂而皇之地告诉我没穿校服的理由就是不想穿。为了树立起新班级的规矩，树立班主任的权威，我给她家长打了电话，要求小雯回家换校服再回学校。孩子和家长虽然照做了，但是在小雯和我的心门之间仿佛筑起了一道厚厚的防线，她对我的怨恨已经产生，师生之间、家校之间潜伏着没有说穿的矛盾。

我深知孩子是不会向自己不喜欢的人学习的，如何缓和我和小雯之间的关系让她能够安心地学习，成为我常常思考的问题。然而，除了在学习上多关注小雯，表扬她漂亮的书写，教她如何做一个称职的课代表，我似乎没有特殊对待过她。小雯抽到我名字的扑克牌的那周已经临近期末，看到是小雯站在我面前，我的内心激动又忐忑，她会如何评价我这个老师呢？是满怀着怨恨还是言不由衷地赞美？只见小雯微笑着打开纸条，红色油画棒画出的心形图案衬在干净清爽的文字下面，“在我心中，您是一位非常负责的老师，言语中常常带着幽默和一丝可爱。您的心思很细腻，总会考虑到别人没有想到的事情，比如让我们给休产假的董老师写一张贺卡，给每一位任课教师准备新年礼物，给每个同学做一枚精致的班牌……这周一您对我扔垃圾的行为提出了新的要求，同时，您也贴心地为每个同学准备了一个小巧的垃圾袋……一个学期的相处，让我对您更加熟悉和亲近，谢谢您一直以来对我的鼓励和帮助”。

小雯动情地读着这些文字，真诚的眼神中带着笑意，读完，还送给我一个大大的拥抱，我的眼泪早已溢满了眼眶，扑簌簌地滚下来。孩子果然是天生的无条件的宽恕者，小雯虽然受到了我的批评，但是和我重新建立爱的愿望从未消失，平时我的一言一行，细心的小雯看在眼里。那一刻，我终于能够卸下沉重的心理负担，从此，我和小雯便可以更坦诚地交流，更融洽地相处。是“小鱼银行·情感储蓄”活动让我们有了这样一个真诚表达的机会，为我和小雯的“情感账户”存上一笔可观的收益。

“小鱼银行”的定期“存款日”是每周五，因为这个活动，周五成了我们班特别期待的富有仪式感的日子。几乎每一期活动我们都会遇见不同的观察对象，看到不同孩子的闪光点，细心记录下这些闪光点并由衷地赞美，这让我们能够以别人为标杆时时纠正自己，也让孩子们懂得与人交往中“赠人玫瑰，手有余香”的道理，更在无形之中形成一种自我约束力，每个孩子都很注重自己的言行举止。同时，这种被观察的聚焦感满足了青春期孩子渴望被关注的心理，满足了青春期孩子认识自己的迫切需求。“小鱼银行 • 情感储蓄”活动让师生之间、生生之间拥有了细腻的情感体验和丰富的情感积累，当感情储备得足够丰富了，批评和建议中蕴含的爱也更容易接受，班级关系十分融洽，学生对班集体充满了诚挚的热爱。“小鱼银行 • 情感储蓄”活动会在我们班一直进行下去，让我们继续慷慨地向师生的“情感账户”定期“存款”，收获珍贵回忆。

（原文发表于《学生 · 家长 · 社会》2022 年第 5 期）

第三章

用智慧叩开心门

有人说，这世界上最难打开的那扇门是心门，此言不虚。每一扇心门都被它的主人有心或无意地设下了不为外人所知的密码。无论何时，班主任都不可能拥有一把打开所有心灵之门的万能钥匙。我们所能做的，无非是一步一步靠近，一点一点打开……这每一程的尝试，都是一种智慧。

用兴趣和爱打开自闭孩子的心门

姜雪燕

晨晨是一个很沉默的男孩，每天静静地坐在自己的座位上，和谁都不说一句话。喝水时间到了，小朋友们排着队去喝水，他仍然坐着不动；如厕时间到了，他跟随小朋友来到厕所，但是也不大小便；吃饭时间到了，他也跟着坐在餐桌前，但是一口饭也不吃；户外游戏时间到了，孩子们追逐着、嬉笑着、打闹着，他独自站在不远的栏杆处，若有所思地看着远方，白皙的脸上没有一丝笑容，眉头紧锁，一副与年龄不相符的表情。

晨晨怎么了？我试着走近他。想用我的关怀去帮助他。

早晨到幼儿园，我过去拉他的手，想抱一抱他，他一把甩开我，跑了。上课时，我把上来做实验的机会给他，可他像没听见我在招呼他一样，坐在座位上纹丝不动。喝水的时候，我拿着一瓶雪梨果汁，走到他面前说："晨晨，这是老师给你的，来，拿着。"他用手拍开我："不要，走开。"吃饭时，我在他旁边坐下哄他："晨晨，得吃饭，这样才能长身体，才能变聪明，才能不生病。"晨晨用手把嘴巴捂得紧紧的……他对老师是排斥的。

我想，他对老师是排斥的，不知道对小朋友会不会好些？我试着让活泼的孩子去接触他、带动他。

于是我安排了班上最活泼的米同学、刚同学坐在他左右，让他俩下课和晨晨一起做游戏，让他俩喝水时叫着晨晨，让他俩劝晨晨吃点儿饭……可是几天过去了，晨晨丝毫没有改变，米同学、刚同学委屈得不行。

怎么办？既然这两种方法都不好使，那只有调查清楚原因，才好对症下药。

晨晨妈妈如约而至，她向我道出事情的原委。原来，晨晨爸爸妈妈上班忙，就把晨晨放在了农村的奶奶家。奶奶家里有忙不完的农活儿，在晨晨需要发展社会交往能力及语言表达能力的阶段，他奶奶只是天天把他带到田地里，让他自己玩。这导致晨晨不擅长社会交往，语言发展也受到阻碍。后来，晨晨上了幼儿园，班上小朋友抢了他的水果，弄翻了他的饭碗，小朋友不但没道歉，还打了他；老师和家长又没有及时安慰晨晨，也没有对他进行心理疏导，导致晨晨从此害怕和别人交往。从那天起，他奶奶每到中午就把晨晨领回家吃饭，他逐渐游离于小朋友之外。直到晨晨妈妈发现晨晨在奶奶家那边的幼儿园不适应，才把晨晨转到这里来，但是晨晨自闭的性格已经形成了。他妈妈说现在晨晨就喜欢自己在家玩，哪也不想去。由于大人没有及时地引导，晨晨不懂如何与小朋友交往，甚至恐惧人际交往，变得自闭。因此，我和晨晨妈妈商量，共同帮助晨晨走上正常的生活轨道。

原因找到了，用什么办法帮助晨晨克服交往恐惧，打开心门，接纳大家呢？俗话说：兴趣是最好的老师。我想，不妨从晨晨的兴趣出发，引导他走出自我封闭。

我们首先做的是观察晨晨——观察他的行为，了解他的语言，捕捉他的兴趣点。我让晨晨妈妈观察晨晨在家里对什么感兴趣，喜欢干什么。我们在班上从一日活动中寻找晨晨的兴趣点。早晨他不打招呼就进了教室；别人喝水他不喝；别人上课，他低头趴在桌子上眯着眼昏昏欲睡；别人吃饭，他捂着嘴……唯有看动画片的时候，他迷蒙的眼睛里才发出光芒，尤其看《熊出没》时，他眼睛睁得大大的，一眨都不眨，并且嘴里不断重复着熊大、熊二的话，手还比画着它们的动作……要是你把《熊出没》换成别的动画片，他会嗖地从座位上蹿起来，跑到电视面前挡着，那架势像在宣告不能换别的动画片，就得看《熊出没》。我把情况反映给晨晨妈妈，她也说晨晨在家最喜欢看《熊出没》这部动画片。

兴趣点找到了，我们开始试着用《熊出没》来打开晨晨的心门。活动课上，我创设光头强、熊大、熊二的情景剧，让大家戴着头饰表演，学习知识……我渐渐发现，原先上课趴在桌子上昏昏欲睡的晨晨来了精神，不再萎靡不振，而是眼睛亮亮的，充满期待。户外游戏活动时，我们将经典游戏“老狼老狼几点了”改编成“熊大、熊二去抓光头强”的游戏，原先远离小朋友们的晨晨在慢慢向大家靠近。吃饭时，我让大家做正义的“熊大”“熊二”，告诉他们饭菜就是“光头强”，把饭菜吃完就是把“光头强”打败，这样“光头强”就不能再破坏森林了……小朋友把饭菜吃干净了，晨晨也光盘了。

慢慢地，晨晨变了，他开始喝水了，开始认真上课了，他开始去厕所小便了……他不再那么戒备了，但是还没有完全摆脱自闭——他仍然不主动和小朋友一块儿玩，不主动和小伙伴说话。

山不就我，我来就山。晨晨不主动和别人说话，我就派“志同道合”的同学和他交流。

班上的洋洋也是《熊出没》的忠实小粉丝。为了完全打开晨晨的心门，我特意把洋洋的座位安排在晨晨旁边，一看动画片《熊出没》时，晨晨就兴奋地自言自语，洋洋看到精彩情节时也喜欢大喊大叫，这样他们俩自言自语、大喊大叫，就呼应到一块儿了——洋洋接着晨晨的话，晨晨接着洋洋的话。慢慢地，他们俩因为《熊出没》结缘，成了朋友。

对于晨晨的变化，晨晨的家人和我们都很高兴，但是毕竟晨晨不懂得如何与儿童正常交往，所以经常造成误会，这样对他的成长不利。为此，我及时帮助他消除误会，为他营造宽松的交往环境。

在大家的鼓励、关怀和引导下，晨晨有了很大进步。渐渐地，晨晨不再害怕与别人接触，不再拒绝别人伸来的橄榄枝，有时还会主动发出交往信号。但他不懂该如何正确表达，以致常常发生误会。他想和谁玩，也不说话，就跑过去，推别人一下，然后撒腿就跑，被推的小朋友，有时会认为晨晨是和他玩，就去追赶。有时晨晨不分轻重，把别人推倒在地，别人就会以为晨晨打人，于是一场战斗就开始了；或是被推倒的孩子到老师那儿告状，一场“官司”由此而生。有时晨晨想表达友好的情意，但他不会用语言表达，就会去抱住别人，也不管对方是男孩还是女孩，许多家长对此提出抗议，他们认为晨晨的行为具有攻击性、非礼性，为防止自己的孩子吃亏，他们叫自己的孩子不要和晨晨玩，远离晨晨……家长、孩子的做法无疑又可能将晨晨置于孤立的境地。

为了给晨晨营造一个好的交往环境，我必须消除孩子和家长对晨晨的误会。为此，我经常在班上当着全班小朋友的面告诉他们，晨晨的行为不是打人，而是想和大家交朋友，只是晨晨还没有学会正确的交往方法，才采取了错误的方法。为了验证我说的是对的，我经常当着大家的面询问晨晨我说得对不对，晨晨也很配合，使劲儿地点头，表示我的说法是正确的。我号召孩子们学做小雷锋，理解晨晨，原谅晨晨，帮助晨晨——帮助晨晨学会如何与别人沟通、交往，并设立“友爱奖”，将帮助晨晨的次数与“棒棒星”挂钩。一时间，孩子们帮助晨晨的积极性高涨。

为了消除家长的误会，我在班级家长群向家长做出解释，讲明晨晨行为产生的原因，讲明晨晨行为背后的含义，希望家长支持自己的孩子与晨晨一起玩，为晨晨的成长营造一个宽松、友好的环境。

同时，我还积极引导晨晨，让晨晨明白“推”“抱”行为的危害，引导他学会用正确的方式与人交往。我教他用协商的语言和口吻，邀请别人和他一块儿玩，例如：咱俩一起做游戏吧？我可以加入吗？还教他用交换玩具、分享礼物的方式邀请别人和他一块儿玩，于是晨晨从家中带来了他的“变形金刚”，吸引了好多小朋友围绕在他身边……

虽然晨晨的交往能力现在还没有达到正常孩子的水平，但是他的心门已开。相信，在我们真诚的关怀下、在正确方法的引导下，未来晨晨一定能走出自我封闭，走向大家，成长为一名阳光少年。

（原文发表于《教师博览》2021 年第 14 期）

悄悄打开关闭的心门，让阳光透进来

李 玲

我一直觉得儿童应该都是天真可爱、活泼顽皮、乐观开朗的，最起码在低年级的时候是这样。可是，接手一年级以来，我发现现实的儿童并非尽然。班上几个唯唯诺诺、一脸胆怯或满目严肃的孩子，总是在不经意间揪着我的心。我真想打开他们关闭的心门，给予他们光亮和温暖，让他们从内而外散发出儿童应该有的气息。

案例一：在帮助他学会学习中迎来阳光

小宇起初给我的印象是特别自律，当我教给孩子们端正的坐姿和站姿后，他总能在坐着和站着的时候始终保持最标准的姿态，这对于刚入学的儿童来说实在是难能可贵。后来我才知道这样有异于常态的表现便是不正常的，想想看，即使中高年级的孩子也很难做到保持一节课的端正坐姿。

小宇是一个极其听话的孩子，我鼓励孩子们在课间看看课外书，他即使不识字、看不懂画面也捧着书，绝对是我发出号令的拥护者。可是，慢慢地我又觉察出他的异常表现。初学拼音，为了加强巩固，我每天会进行测验，我读孩子们写，每个拼音我读三遍，这样能让每个孩子听清楚发音，也能控制好语速，全班除了小宇，大家都能跟上听写的节奏。当有人跟不上的时候，会告诉我一声“老师，我没跟上”，可是小宇从来没有告诉我，除非我走到他身边主动发现。那时我才觉察出，小宇竟很少跟我说话，只是一味地听，但是从未像别的孩子那样在课间围在我身边叽叽喳喳，也从未在课堂上举手发言过。这时我才惊觉事情的严重性。

第一次和小宇妈妈沟通正是因为小宇不爱说话这个问题。小宇妈妈很无奈地说，小宇在家也是这样，听话到令人担心的程度，他不爱说话，不问绝不主动说。因为说话少，孩子的理解和表达能力都弱于同龄人。我想，这就是小宇学习跟不上节奏的原因吧，帮助小宇提高学习能力是不是改善小宇不爱说话这一问题的突破口？

上课时，小宇的眼睛总是按照我的要求，一直盯着我，可是当我让他站起来重复我说的话时，他却总是说不出。小宇自身说话不存在问题，但是无法做到复述我的话，说明他只是在动作上顺从了我，并未真正听进去。于是，我打算从培养他的专注力入手，帮助他真正学会听讲和思考。刚开始，我让他站起来发言的内容大都是重复我说过的话，他只要听进去了就能回答好，而且每节课必然会让他发言两三次，当他感受到我对他的关注时，听讲的专注力逐渐有所提升。另外，经常发言让他在站起来的时候少了一些胆怯。“小宇很会听讲，能把我说的话很完整地复述出来，真了不起！”“小宇能够正确判断，说明刚才他真正听懂了。”认真听讲的小宇经常受到我的表扬，在低年级，老师的话有绝对的权威性，小宇成了大家心目中的听讲小榜样。当小宇感受到同学们投来的佩服眼神时，他的腰杆挺得更直了，脸上也偶尔会露出灿烂的笑容。

慢慢地，我会让小宇挑战稍微有难度的问题，当发现他回答不上来的时候，课间我会把他叫到我跟前，手把手地指导，直到他弄懂学会了为止。一年级的知识浅显，我们授课的速度也比较慢，每天帮助小宇克服一个小难题，积少成多，他的进步也不小。

一个人的性格很难改变，小宇依然是一个比较安静的孩子，但是他的学习成绩、他的课堂表现都发生了很大的改变。小测全对的名单中经常会有小宇的名字，课堂上小宇的手也经常主动地举起。他虽然不爱表达，但是他的心思细腻，能感受到我对他的关爱，于是，他也和很多孩子一样，成了我的小尾巴，闲暇时总是爱围着我打转。

案例二：用温暖的触碰轻轻叩开他的心门

小晨在刚入学前两天并未引起我的关注，几天后，我才发现在他身上有个奇特的现象，那就是他的性格有很明显的两面性。他爱和同学打闹：上课时，同桌正在写字他突然把铅笔抽走；下课时，在同学毫无防备时，在其背后来一拳……所以，他不是一个遵守纪律的孩子。可是，他又是一个十分安静胆小的孩子。我观察到，他多是用肢体语言与同伴沟通，在教室里很少能听到他的声音。他爱和同伴玩，但是只要他的目光与我相撞时，他立即就像海螺一样，缩到壳里去，很长时间才敢抬头看看我是否还在注视他。

无意间，我还发现了他的另一个异常情况。一天，他到我跟前交练习给我看，我抬头朝向他的时候，他正在用力地眨着眼睛，连续眨了多下。我问："小晨，你的眼睛痒吗？"他摇摇头。"那你为什么那么用力眨眼？"我又问。他思考了片刻，喃喃道："我不知道。"后来我特意观察他，他每过一会儿就会这样眨眼。

后来，通过和小晨的家长沟通，他们也发现了这一问题，当孩子症状严重的时候，就带孩子去医院拿点儿药，孩子吃一段时间症状就会减轻。我的心里不禁对小晨、对小晨的家庭涌起同情。

生病总会有原因，在与小晨妈妈的深聊中，我才了解到，在小晨很小的时候，他因为顽皮被爸爸狠狠地打了一顿，从那以后，只要他的爸爸抬手，他就条件反射地眨眼睛，再后来，眨眼成了他的习惯性动作，无论谁提醒他，都无济于事。

小晨的爸爸很后悔那次冲动，可是问题已经产生，总要面对。我想，小晨畏惧我，在我面前不敢大声说话，是不是因为我对他太严厉了？于是，在他的面前我尽量保持平和。

一天午餐时，他不小心咬到了舌头，看到手中的馒头上有了血印，吓得哭出声来。我循声而来，问他怎么了，他张开嘴，用一根手指指着舌头给我看。看着他一脸委屈的样子，我把他拉到我的怀里，用手抚摸着他的头，小声安抚他。过了一会儿他止住了哭泣，抬起他那双忽闪忽闪的大眼睛看着我，我笑着说："看，老师给摸摸，是不是不疼了？"他点了点头。

从那以后，我明显能感受到他对我的依赖。鞋带开了，他会走到我跟前，抬起一只脚，小声道：“老师，我不会系鞋带。”我微笑地抚摸他的后背应道：“没事，老师来帮助你。”橡皮不小心掉到地上找不到了，他马上就到我跟前告诉我，于是，我拉着他的手，走到讲台上，让他描述一下橡皮的样子，请他周围的同学都低头帮忙看一看、找一找。

从不敢和我对视，不敢和我说话，到现在的爱靠近我，爱找个理由亲近我，小晨的变化很大。每次我们靠近时，我总会用自己温暖的手摸摸他的头，拍拍他的背，拉拉他的手，我能感受到他很喜欢我的触碰。在温暖的触碰中，他慢慢地愿意将自己的心门朝我打开。

亲切的姿态无论在什么时候都容易让人去亲近，特别是对待胆量小、敏感的一年级孩子，我告诫自己要更加亲切地对待他们，不在他们稚嫩的心灵留下阴影和伤痕。

心若敞开，阳光自然会照进来。当孩子的心灵之门紧紧地关闭时，我们要用耐心、爱心和诚心悄悄地帮他们打开一条缝隙，让阳光透进来，当感受到光明和温暖的舒适时，他们的心门自然会主动打开，尽情地迎接阳光。

[原文发表于《班主任之友》（小学版）2021 年第 4 期]

慢慢靠近，让心不再孤独

陈春霞

昊，确实是“另类”的：课堂上，孩子们饶有趣味地讨论时，他趴在桌子上冷眼旁观；课间，孩子们三五成群地聊天儿时，他独自在去往厕所的路上徘徊；开展活动时，孩子们精神抖擞地展示个人风采，他却藏在教室里看课外书……看着那双时时蕴含着警惕的眼睛，我非常痛心，究竟是什么原因让这个不足 10 岁的孩子如此孤独?

走进家庭，他的懂事让我心疼

昊的父母在村里承包了一片池塘养鸭子，每天起早贪黑。从上小学起，昊就是每天早晨独自起床，刷牙、洗脸，吃完妈妈留在锅里的饭菜，然后独自走到离家约 10 分钟路程的校车点。晚上放学回家后，他总会帮妈妈提前洗好菜，然后看看电视、写写作业，直至 8 点多父母回家，做饭吃饭。说起昊，他的妈妈满是愧疚，感觉对不起孩子，可是为了生活又不得不这样，夫妻双方的老人身体都不好，也没人帮忙看孩子，昊是在池塘边长大的，他最好的小伙伴就是鸭子。昊在家里很懂事，从来没有对父母提出过分的要求，总是静静地一个人做自己喜欢的事情。昊没有朋友，这一点他妈妈是知道的，虽然他妈妈经常鼓励孩子多交朋友，可是昊不喜欢。

真的不喜欢吗？若真不喜欢，第一天分座位时，他为什么会偷偷地看向那个开朗的小男孩云？若真不喜欢，他怎么会带着自己摘的桑葚让我分给同学们？若真不喜欢，他又怎么会在大家都出去活动时，先悄悄地打扫好卫生再看课外书？

我想他并不是不喜欢，而是不知道如何与他人相处，不知道如何表达他的喜欢。他已经习惯了孤独，他的懂事让我心疼。

寻找契机，他的融入让我欣喜

那天午餐时，昊没有随大家一起吃饭，孩子们告诉我，上音乐课时，老师让大家唱歌接龙，轮到他时，他不唱，老师也就没强迫他，大家一轮一轮唱得很开心。老师每轮都鼓励他，可他每次都不唱，下课后，他就坚决不随大家一起吃饭了。我打了两份饭，来到教室，把昊拉进了谈心小屋。“昊，今天食堂的师傅给了我好多饭，我吃不了，看你没去食堂，感觉你和大师傅好像心有灵犀一样，在等我，是吗？”昊说他不想吃饭。“可是，这么多饭，浪费了有点儿可惜，帮点儿忙吧！”说着，我就把筷子放到了他的手里。“今天的这个肉有点儿肥，我不能吃，你帮忙吃了吧！在家里，这种肉可都是我儿子帮我吃的。你妈妈吃吗？”“我妈也不吃，我吃。”我把肉喂到了昊的嘴里，“有你妈妈做的好吃吗？”“都好吃。”……饭就这样开始吃了起来，话匣子也就这样打开了，我们聊的都是吃的，他喜欢吃的肉，我喜欢吃的鱼，他会炒的菜，我愿意尝试的面点等，愉快的午餐就这样过去了。“谢谢昊，我感觉今天的饭真是香极了！要不明天咱还一起吃，你到餐厅打好饭后，我到你餐桌上吃，好吗？”昊的眼睛亮亮的，冲我点了点头。我那颗心不禁又柔软了几分，他还只是一个 9 岁多的孩子啊！

第二天，我如约来到了他的餐桌前，还带来了我自己做的糖醋鸡翅，我悄声和他分享我的做法，告诉他第一次熬糖时的紧张，他也告诉了我第一次帮妈妈洗菜时的愉悦，我表扬他的懂事，他羞涩地点了点头。

我和昊的互动，被班级里的其他孩子看到了，纷纷问昊我们之间的事情。昊原来是不说的，后来禁不住其他孩子的软磨硬泡，便告诉他们我喜欢吃鱼，我会做鸡翅。我欣喜地看到孩子们在交流时，昊那越来越自然的交谈。除了吃饭，有时我还会很“神秘”地带昊到操场去走走，孩子们就一直围着昊转，再也不是“我叫你你不理我就不理你”的状态了。

鼓励展示，他的尝试让我释怀

昊不仅不再是小伙伴们眼中的“另类”，而且成了班级的“香饽饽”，孩子们都希望通过昊了解我更多的“秘密”，昊与小伙伴的互动就在这样的一种氛围下越来越融洽。可是，这样的互动还不够，得让昊主动地走进这个群体中。

那一天，我与昊在操场上散步，散步中谈到了我的儿子，我告诉昊，最近我烦恼极了：因为马上就要过元旦了，高中的老师为了缓解孩子们的学习压力，说是要组织一场晚会，让每个孩子报一个节目，我的儿子说什么也不上，关键是他唱歌非常好听。昊问我，为什么一定要逼着儿子上？我告诉昊，这是集体活动，如果不参加会显得有些“另类”。当我说到“另类”时，昊怔了一下，说：“我们只是不想让很多人看着我们，那样会紧张。”“可是，大家都参加，都是一样的，若只有一个人不参加，会不会有更多的人看着呢？”“那一天不去不就可以了吗？”说的是我的儿子，但我知道昊已经无意识地把自己代入进去。“不去，那就不是一个班级的同学知道了，而是其他班级的人都知道了。”这个结果是他没想到的，“那就鼓励一下他，让他知道他唱歌真好听。”我把手机里存的儿子唱的歌放给昊听，昊说：“真的是太好听了，不唱多可惜啊！”“正好晚上儿子放假，那今晚你打个电话给我儿子，劝劝他好吗？”昊非常开心地答应了。

昊很认真地给我儿子打了一个电话，告诉他，他的歌唱得有多么好听，希望他能够参加晚会。儿子说他不愿意，昊就把那“另类”的论调搬了出来劝这位哥哥，最终劝说成功了，昊也非常高兴。

学校要举行歌咏比赛，排队练习时，昊又想独自一人躲到角落里，我悄悄地看了他一眼，趁孩子们不注意给了他一个加油的手势，然后就把他拉到了他的位置上，他没有反对。比赛后，我把照片拿给他看，也拿了以前没有他的比赛照片，他有些羞涩，不好意思地挠了挠头，说：“能参加集体活动真的是一件很幸福的事情。”

从此以后，昊再也没有将自己深埋在角落里。看着他那不再躲闪的眼睛，我有了如释重负的感觉，我相信，这个孤独的孩子自此以后不会再孤独！

[原文发表于《班主任之友》（小学版）2021年第6期]

在不断地照鉴中找寻回归的路

杨雪梅

“有什么了不起的，我根本就没把这次考试当回事，不然还轮得到她拿第一？”这是蕊的声音。“嗯，咱们班谁能比过你呀！不过她最近也特别努力，我觉得这样的结果还是挺正常的。”另外一个勉强应和的是蕊最要好的朋友姿。“我跟你说吧，她家和我们家住一个小区，她爸没正当职业，她妈在超市里打工。在这样的家庭里，她不努力怎么办……”女生厕所里的这番交谈被我无意间听到了，越品，我便越觉得这绝非一段普通的对话，而是一次鲜活的心灵成长契机。

在我们班，蕊是学习成绩上经常独占鳌头的佼佼者，是学校各个社团的宠儿，也是班级各项活动的策划者。按说，碰到这样既省心又出彩的学生，我这个班主任应该备感欣慰。但不知为什么，日常生活的种种情况时不时地反馈给我的却是一种说不清道不明的不安。比如，组织班级活动时，有的同学提出异议，蕊会傲气地甩出一句“你懂什么”，俨然自己才是权威。再比如，学校举行优秀学生评选时，蕊趾高气扬地宣布“我要参加，你们都不用报名了”，然后就自己填写了推荐表。

这么一个过度地以自我为中心的孩子，要如何立足于集体、融入大家庭呢？起初，心性纯良的孩子们对蕊的言行不以为意，但最近我察觉：班集体在慢慢地疏远、孤立这个热门人物，俨然大家是一伙，蕊自成一派，甚至连蕊昔日的好友姿也对她表现出了客套的疏离。更让人忧心的是，对于别人远远躲开她的姿态，蕊依然盲目自信地认为——他们就是嫉妒我的优秀，和我相处时他们都没有自信……

作为班主任的我，介入蕊的成长，让这只迷失的孤雁回群，是摆在我面前刻不容缓的一件事。只是，把事实因由剖给她看、把道理做法讲给她听等开门见山的方式，肯定都不是最明智有效的方法。要感动一颗迷失的心，让她心甘情愿地回到正轨，需要巧妙地转一个弯。

操场上，孩子们正在进行抱团游戏。虽然大家都玩得热火朝天，不亦乐乎，但蕊肯定会是个例外。无论三个一团，还是五个一伙，孩子们似乎都有着某种默契——没有人向蕊靠拢；而很想和大家凑成一团的蕊又屡屡因为被无视而落单……一节活动课下来，蕊全然失去了往日张扬利落的劲头，明显变得郁郁寡欢了。

“玩得不开心吗？老师看你的兴致不高，发生了什么事吗？”我故意放慢脚步，等了等落在队伍后面的蕊。她沉郁地摇了摇头，不说话。“有问题随时都可以找我哟，以前蕊有什么烦心事不都爱向杨老师倾诉吗？”我没有继续追问，只是在孩子面前垫了一块名叫“信任”的基石，等着她来踩。

之后，一向心高气傲、聪慧敏锐的蕊自然感受到了大家对她的孤立，也时常以沉寂的姿态打量着同学们之间的熟稔热络……

一周后的某个放学时间，蕊走进了我的办公室，向我倾诉了大家对她的疏远、孤立，以及她自己的憋闷、不解和委屈。

“杨老师真心觉得你自身素质足够优秀，也为班级工作出了不少力，按理说，同学们没有理由这样对你呀！这是怎么回事呢？”我问。“大家这样做，肯定还是有理由的吧！”蕊闷闷地回应着。其实，我说“没有理由”只是为了提醒蕊去意识到“肯定还是有理由的”。一番对话后，我表现出“分析不出到底为什么”，然后我这样提议：“杨老师前些日子读了一本书，书上罗列了一条条人们在人际交往中最容易犯的、自己却又难以意识到的错误。不对照不知道，一对照才意识到，我在和别人说话的时候常常会太过强势，伤到别人。要不，我把那段内容摘抄下来，你也试着去对照一下？”

第二天，我为蕊量身定制的“反思清单”面世了：“①别人问我问题时，我是充满耐心还是很不耐烦？②别人超越我时，我是认可他的努力并诚心祝贺还是不屑、不平？③与别人的意见冲突时，我是唯我独尊、固执己见还是耐心倾听、平和商议？④与别人……”

借着这份清单，蕊对自己的言行有了一次深刻的回顾与审视，从中看到了自己的自私、不足。“老师，以前在处理很多事情时，我确实只考虑了自己的需求，从不曾关注过同学们的感受。我也总因自己出色、优秀便觉得高人一等，却不曾想过每个人都有独特的长处……现在我很想重新回到伙伴们中间，却不知道该怎么做。”

“老师觉得，你可以去细心地观察身边的同学、朋友，从每个人身上找出一点或几点值得你学习的地方，用他人的优点来促进自己的成长，这样肯定会有进步的！”蕊的主要问题是把自己放在了中心，无视他人。我的这个提议，希望能从根源上给予她一些帮助和指引。

不过是调整了一点角度的一束光，却让蕊有了明显的改变。其实，面对孩子成长中的那些“小毛病”，强行地去纠正、扭转往往效果并不理想，倒不如巧妙地为他们备下一面“镜子”，让他们既看得到过去的缺陷，又照得亮未来的方向，最终，使心灵归向理性，让成长遥指前方！

（原文发表于《教师博览》2022 年第 5 期）

关注家境攀比下的自卑心理

王晓菲

有人的地方就有比较，成人之间比事业、比孩子、比财富，孩子们凑在一起也会有各种奇异的比较，大到自家的房子、车子，小到尺子、橡皮，这些都是他们课间闲聊的内容，当然偶尔也会比成绩。若正当的攀比竞争，那将促进孩子们上进，但有的时候孩子会在攀比中产生扭曲的心理，比如自卑、仇富、厌学等，这不容我们忽视。

因为新型冠状病毒的影响，各大中小学校曾不得不开启线上教学模式，让知识跨越时空输送到千家万户，可是这也将孩子们的家境暴露无遗。

晶是个刻苦的孩子，她家在外地，父母在这里打工多年。晶很懂事，尽量减少家庭负担，她吃穿都很普通，为人也很和善，她的周围常常聚集着一帮探讨学习的小伙伴。晶知道家庭的压力，当周围同学比这个比那个的时候，她总是沉默寡言，只有帮同学们解答难题时才会露出笑容。

新型冠状病毒的暴发曾一度让孩子的居家学习成了常态，老师讲课时会要求学生打开摄像头，便于观察屏幕前的孩子是否在认真听课，同时也可以根据学生的反应进行提问。可每次上课总有那么几个孩子关闭摄像头，晶就是其中的一个。我当时还纳闷儿，平时很听话的孩子这是怎么了？因为了解孩子的品德，我就没往别处想。后来有一天，学校要求每个学生往班级群里发一张观看防控新型冠状病毒资料的照片，这一下我看到了各个家庭的千差万别。当看到晶的照片时，我愣住了。照片中，一台旧式电视摆在一个看起来比较结实的板凳上，晶坐在屏幕前的小凳上，神情专注，脚下是发黑的水泥地。虽然是冬天，但北方的屋子里都有暖气，孩子们在家不用穿得太多，可是显然，晶家里没有暖气，她穿着厚棉衣。自从照片发到群里，晶上课时的网络在线状态就从摄像头关闭状态变成了离开状态。我打了几次电话给她爸爸，晶爸爸都应承“好的老师，我跟她说”，但始终没有起色。后来学校发起“一米家访”活动，我把晶当作第一个家访对象。当我和另一个老师来到晶的家里时，我俩都惊呆了，情况比照片上更糟糕。不大的屋子里，姐姐和妈妈局促地坐在一张小床上，爸爸在一旁搓着手。沉重的压力让这个男人驼了背，白了发，但他再苦也要让孩子们念书，这一点让我很是敬佩。晶的姐姐在上大学，她每个假期都会出去干兼职赚学费。我似乎明白了晶看到班级群里同学们上传的照片后的感受，或许大家没有注意，但在孩子的心里，已然觉得现实的差距让她没有办法面对昔日的小伙伴。家访时，我们也没有太多的时间说什么，只是告诉晶，坚持学习，过一段时间开学就好了。可在回去的路上，我的心里很不是滋味，不断思索着怎样让因攀比而自卑的孩子看到希望。

这些内心的无助和无奈不仅需要家人和老师的关怀，更需要正确的引导来指引着他们走出内心的局限，去看远方更美的风景。

励志教育，触动心灵

古今中外不乏励志人物，我们可以用他们的事迹触动孩子的心灵。看着面对挫折与困难的人艰难前行，努力为自己博得一片海阔天空，孩子们也会为未来努力奋斗。

尼克·胡哲是一个大家不陌生的励志人物。我给孩子们讲，他天生没有四肢，只有左臀部以下的位置有一个带着两个脚指头的小“脚”。在他 6 岁时，父亲教他如何用身体仅有的“小鸡脚”打字。而母亲则为他特制了一个塑料装置，好让他学会“握笔”写字。8 岁时，父母把他送入小学。因身体残疾，胡哲饱受同学的嘲笑和欺侮。19 岁时，他打电话给学校，推销自己的演讲，在被拒绝 52 次之后，获得了一个 5 分钟的演讲机会和 50 美元的薪水，从此他开始了演讲生涯。2003 年，胡哲大学毕业，并获得会计与财务规划双学士学位。此后，他出版了 DVD《生命更大的目标》《我和世界不一样》《神采飞扬》和书籍《人生不设限》《永不止步》《坚强站立：你能战胜欺凌》《谁都不敢欺负你》，等等。他在美国、中国、日本、菲律宾、马来西亚、韩国等多个国家举行过演讲和大型公益活动。

接着我给孩子们播放尼克·胡哲演讲的视频，当孩子们看到屏幕中的人和他做的事时，内心是震撼的，他们明白了：一个没有四肢的人尚且能活出自己的精彩，我们为什么就不能呢？哪怕我们暂时没有其他人所拥有的，但可以通过自己的奋斗活出令人羡慕的人生。

榜样引导，落实行动

学生攀比的底气来自家长的给予，而非自己的努力所得，教师应引导学生不比物质比品德。对于学生来说，比起电视里和书上的励志人物，身边品学兼优的学生更有说服力，我们应善于发现学生中的榜样，用榜样的力量引导孩子们习得正确的思想观。

洪家境不好，父亲早逝，母亲一个人打工维持生活，不仅要照顾爷爷奶奶还要照顾他，一家四口的生活压力让妈妈过早衰老了容颜。好在洪懂事，懂得妈妈的辛苦，学习上从不用妈妈操心，也经常分担家务。人生的变故没有让洪走向消沉，而是历练了他的品性，生活中的他阳光积极。

我经常在同学面前把洪树立为榜样，说他生活自立，团结同学，品学兼优。榜样的力量在学生中不容忽视，有时榜样就像太阳一样照耀着，带领周围一大片的孩子走向光明。洪用自己的行动感染着其他学生，让他们知道自己前行的方向。

深植感恩，踏实远行

人什么都可以选择，只有父母不能选，父母用自己全身心的努力给予孩子力所能及的全部的爱，这份爱孩子倾尽一生也报答不了，可是很多时候我们却把它视为父母理所当然的付出，从没想过要回报。

“使其所蓄不得遗之子孙，则又谁乐为勤俭者？”蔡元培先生的这句话告诉我们，父母一生都在为了孩子。经常听很多家长说为了子女不惜重金买这买那，哪怕自己再辛苦，为孩子也绝不含糊。有一次开家长会，放学了，我让孩子们在教室里等家长。五点半家长们如约而至，好几个父母手里拿着饭，就怕孩子饿。开会时，我趁机对学生们说，父母忙了一天工作到现在还没有吃饭，却给你带吃的，当父母加班没有按时回家时，你去给父母送过几次饭？孩子们低下了头。我接着说，你会与同学攀比父母，父母也会与朋友攀比儿女，同样为人子女，为什么别人能成为父母的骄傲，你却不能？有几个同学头垂得更低了。我在班级管理中经常寻找机会给学生深植孝道理念，因为人只有不忘来路，才能在成长的路上行稳致远。

其实，攀比是正常的现象，但孩子们之间比什么，怎么比，比不过怎么办？这些都需要教师的引导，尤其是当孩子因攀比产生自卑心理时，我们一定要及时疏导。教育在于帮助、启迪、引导学生的成长，教师要做的是不断地帮助孩子修正观念，加强修养，提高自身，进而能从容地应对未来的生活。

（原文发表于《威海教育》2023 年第 2 期）

三招拯救“寒号鸟”

曲艺宁

“曲老师，你班这个小炜，每次都是拖到最后一个交作业，有的时候拖着拖着就不交了。”记不清语文老师第几次向我告状了，我尴尬地回应着语文老师，脑海里浮现出接手这个班级后小炜的种种表现：每天早上都要舍友三番五次喊着才起床，无数次跟我表决心——每天练习在专业课上学习的操作技能，最后都不了了之……这个人称“拖拉炜”的男孩，刚入校时成绩名列前茅，甚至曾发誓不拿国家奖学金决不罢休。但仅仅一年的时间，就因为拖延症导致成绩一路下滑，与梦想渐行渐远。这种现状，若任其发展，其未来的人生走向令人堪忧。

在和其他科任教师沟通之后，我发现，小炜的拖延问题并非个例，类似这样的情况在中职学生中屡见不鲜。拖延症已然成为阻碍学生自我发展的不可忽视的共性问题。在他们的日常生活中，这样的场景屡屡上演：假期、周末的作业，拖到最后一刻不得不写；面对需要做出的决定，犹豫不决，推迟到最后一刻，随意选择一个；与人约定时间，却总是迟到……拖延症，如同一片雪花到雪崩的积累，正在拖垮学生的学业，并由此衍生出诸多的心理问题。如何帮助学生改正拖延症的恶习呢？我采取了如下三个措施。

一张问卷，厘清拖延的根源

针对拖延症产生的原因，我在班级进行了问卷调查，设计了如下小问题。

（1）早上到了该起床的时间，你如何做？（a. 按时起床；b. 要拖一会儿才起来）

（2）换下来的衣服，你通常怎么处理？（a. 马上洗；b. 放很久才洗）

（3）你平时如何完成作业？（a. 拖到快上交时才开始写；b. 从不拖拉）

（4）考试前你是如何复习的？（a. 考前临时抱佛脚；b. 平时就注意查漏补缺）

…………

（12）你认为自己“拖延”的原因是什么？（a. 对要完成的任务不感兴趣；b. 害怕困难与失败；c. 懒惰）

最后一道问题是开放性问题。结果显示，班级中有拖延症倾向的学生高达 79.4%，其中，58.3% 的学生拖延的原因是畏惧困难，害怕失败，还有的学生是缺乏时间观念，或自身懒惰。但从以往的教学工作中，我们不难发现，很多时候，即使帮助学生制订了计划，写清每个时间点要做什么事，学生依然会做事拖拉。这充分说明：拖延、效率不高等问题，通常都是因为学生在所做的事情中没有体验到愉悦感和满足感，因而自然缺乏完成既定目标的自驱力。

一个场景，明晰拖延的危害

认知是行为的先导。一个人如果只是给自己贴上拖延症的标签，却完全不了解自己拖延背后的心理需要和动机，那么他就很难做出根本性的改变。所以，对拖延症认知的觉察是杜绝拖延行为的前提。

首先，我给学生们讲了大家耳熟能详的寒号鸟的故事：寒号鸟的邻居喜鹊好心劝说寒号鸟趁着天气暖和赶紧垒窝，寒号鸟却总是得过且过，每天好吃懒做。晚上寒风吹来，寒号鸟冻得不停哀嚎。可到了白天，寒号鸟依然不听喜鹊善意的劝说，日复一日，最后，终于在一个寒冷的夜晚被活活冻死了。讲完故事后，我让学生们思考：寒号鸟为什么会被活活冻死？在日常的学习生活中，拖延症给你带来了哪些危害？学生通过思考，切实感悟出拖延症带来的严重后果。提出问题，引发思考，相较于教师的生硬灌输，更有说服力。

其次，在此基础上，我设置了一个主题场景，让同学们表演一个情景剧：小 A 大学毕业后，准备到某公司找工作，面试的当天早上，闹钟响了，小 A 拖延了二十分钟才起床，接着，在卫生间看了半小时短视频。一看时间要来不及了，于是她匆忙出门，为了赶时间，小 A 不得不打车，不仅比坐公交车多花了三十元钱，而且由于赶上上班高峰期没有节省很多时间，最终小 A 还是迟到了。她跟主考官苦苦求情后勉强进入了面试环节，考官让她出示相关职业技能证书，小 A 却啥也拿不出来。因为她总认为还有很多时间，这些证书毕业后再考也不迟。因此，小 A 毫无悬念地被淘汰出局，错失了一个非常好的工作机会。通过这样一个贴近生活的情境，引导学生展开讨论，让学生们更加深刻地了解拖延症带来的危害。

最后，我通过上述场景引导学生开展“现在的我与未来的我对话”主题交流活动，让学生通过自我检视，用日记方式列举自己的拖延行为问题，在日记中写明拖延的事件及原因，想象由此给未来人生带来的后果，进一步反思拖延行为的危害，强化学生的认知。通过这些活动，学生可以充分认识到拖延症对学业与自我成长的不利影响，明晰拖延症带来的影响远比它带来的短暂快乐严重得多。为下一步设定目标，改变自己的拖延行为奠定了良好的心理基础。

一张表格，矫正拖延的恶习

明晰了拖延症的危害，为了防止学生对自身存在的拖延行为感到焦虑不安，缓解心理压力，我列举了一些名人事例，如法国浪漫主义文学作家雨果、意大利文艺复兴时期的天才画家达·芬奇饱受“拖延症”困扰的事例，让学生明白，有拖延症并不可怕。我们作为普通人，最重要的是要学会自我接纳、自我原谅，同时，我主动分享自己在学生时代克服拖延症带来焦虑心理的小策略：如不把上一次的拖延看作需要偿还的欠债，而把它看作一个结束；把每次拖延之后产生的负面情绪写在纸上，再撕碎这些纸张，减轻内心的负罪感、焦虑感，增加对自己的认同感和效能感，经常给自己加油打气，客观地对待失败，等等。这样不仅能够帮助学生缓解拖延症衍生出的心理压力，还能够积极地激发自驱力，增强自我价值感，培养乐观、理智、好奇等积极情绪。

为了引导学生进行正向思考，我试着从积极的方面来重新定义任务。我制作了一些带有表格的小卡片，发放给学生，让他们把每天需要完成的任务分步骤，按照自己设定的难易以及先后顺序，把每件任务预计完成时间、实际完成时间记录在卡片上。这样做的好处在于，一是可以把决定权交给学生，让他们自己决定任务的安排顺序、做每件事需要用多少时间，学生找到了对学习生活的掌控感，有利于促进他们自驱力的生长。二是通过自主地排列任务，增强学生的自信心和自我效能感。三是通过预计用时与实际用时的对比，让学生在微改进中发现自己的进步，进而不断增强信心。另外，还可以通过自己寻找监督者、小组自愿结对等形式，监督改进自己的行为。教师也要及时对学生的行为予以正反馈，表扬表现积极、完成情况良好的学生的坚持与毅力，通过正向鼓励，促进和带动其他学生。对完成任务较少的学生给予适当的方法指导，如“五秒钟倒计时法”、“番茄工作法”、把困难的任务与快乐的任务捆绑在一起的“普雷马克捆绑法”和“五秒钟启动法”等，帮助学生消除对课业任务的抵触情绪，克服寒号鸟式的苟且偷安心理，逐步养成“今日事今日毕”的良好习惯，为未来幸福人生奠基。

（原文发表于《青年教师》2021 年第 5 期）

体察内心缺失，为成长按需补养

杨雪梅

“这个学生有多动症，一会儿也闲不住！”“我们班的那个孩子，什么方法都用了，全没用！”班主任们的交流里，总是透露着各种问题和各式无奈。

孩子的成长充满了复杂性，为什么同一年龄段、同一个班级的学生外显行为各不相同？为什么相同的教育方法对一些学生有效，对另一些学生却不痛不痒？为什么多样的手段尝试却无助于解决问题？在笔者看来，所有问题投射的背后都是缺失的心灵在发出挣扎与抗议，化解之根就在于要感知洞察需求，为成长的心灵按需补养。

别样的关注渴求，需要别样的回应互动

“又在趴窗户了，不信你们看，一会儿他准得来踢办公室的门，咱们一站起来他就跑开了，这样的孩子你说气人不气人？”办公室同事嘴里那个“气人”的孩子是我之前班上的一个学生，他有严重的自闭倾向，我做了他三年的班主任，每天一遍遍“小宇、小宇”地唤他，却从来未收到过任何回应。

新的学期重新分班后，我有些庆幸终于甩掉了这个千呼万唤不回应却又麻烦不断的家伙。谁承想，这样的小欣喜还没熬到天黑就出了状况：他总是拼命地拍办公室的门，或者在我去卫生间时莽撞地冲进女厕所。最严重的一次，我在前面走路，他从后面冷不丁地猛推，一个趔趄后我重重地摔倒在地……一次次地叮嘱他“这样不对”，也一遍遍地呵斥着“不可以”，非但不见丝毫效果，反倒是随着时间的推移小宇越发地变本加厉。

“有没有发现咱家孩子这学期行为有些不一样？……一下课他就爱去办公室门口转悠，还总喜欢踢门拍窗户，甚至有几次还冲进了女厕所，你说这是怎么回事呢？是不是快到青春期了？”我尽量委婉地把情况反馈给了经常来学校陪读的小宇妈妈，毕竟她才是最有可能为我释疑的人。

“杨老师，你以前做他班主任的时候每天早上到教室里都会先摸摸他的头，课间也常常会一遍遍地问‘小宇，去不去厕所’‘小宇，过来和同学们一起玩’，这个学期你不带他了，或许他会感觉到你不理他了而不适应……”听到这些，我的心头突然射进来了一束光：确实，为什么孩子不去踢别人办公室的门呢？为什么他不去“攻击”其他老师呢？在种种针对我的异常之举的背后，其实是孩子的内心在发出呼声——他可能需要我一如既往的关注和关照！

于是，我试着改变自己的行为给他回应，与他互动：路上相遇，我总是停下脚步唤他，等他跟上来，说几句唠唠叨叨的叮咛，他不应，却明显地安静乖巧；课间操活动，拍拍他的肩告诉他要好好跑步，并陪跑一段，他不看我，却也不曾脱离过队伍；不论相隔多远，我都尽量让自己的目光与他有一段对视时间，他有些羞怯腼腆却又分外安静坦然……

曾经以为，自己三年的呼唤和付出从来不曾在这个孩子内心漾起任何波澜。其实我错了，即便是一个特殊的孩子，他的内心也有着属于自己的感知和接收方式，只是静默是他最独特的表白。更重要的是，小宇身上问题的呈现与消解的过程让我悟出了这样一个教育道理——要努力去察探孩子内心的需求，要用别样的回应去与孩子互动，温润其成长。

别样的情意传达，需要别样的接收回馈

冷漠的孩子、孤僻的孩子、不合群的孩子……班级群体中似乎总会有形形色色难以融入的个体存在。置之不理，或顺其自然，这样的应对极有可能泯灭的是最后的希望。倘若面对细节时能多一些细腻的感知，面对异常时能多几分敏锐的呵护，让成长稍稍转向，就有可能别有洞天。

一进教室，我就捕捉到了端正整齐中的一抹不和谐。龙侧着身子，手中拿着一张彩色的有抓痕的纸，正歪着头看我。这是一个孤僻得让人很难感知到他的存在的学生，今天这样的举动肯定是在向我发出某种别样的信号。

这一天是教师节，班上的孩子纷纷涌进我的办公室，用自己所

能想到的方式为我送上祝福，除了龙，莫非……

“龙，今天是教师节，杨老师一直等着你送的祝福呢！”看着他，我有些嗔怪又有些矫情地讨要祝福。“你没看到我还没做完吗？”他闷声闷气，但眼神里却有着耀眼的光芒在闪烁。我深知，对于一个向来不善于和别人交流的孩子而言，这已经是他最友善的表达了；我更庆幸，自己及时捕捉到了他的不同寻常。

第二天，看到他一次次“有意”地在我办公室门前路过，我喊住了他：“杨老师的礼物好了没？”他麻溜地从口袋里掏出折好的一把幸运星，并破天荒地用“不客气”来回应我的谢意。从那之后他对我的回应多了起来，对班级活动也热心了起来。

其实，我哪里是在索要一份礼物，我的初心很简单：希望能让孩子送不出去的那份情意有着落，更希望借着别样的接收回馈慢慢打开这个孩子紧紧闭锁的心门。

别样的自我证明，需要别样的凿实认可

“杨老师，我家孩子每天早上在去往学校的路上，有一大堆的问题问我，晚上放学还总是哭哭啼啼的，怎么才刚上学就开始厌学了呢？”这是一位新生家长的反馈。

留心记录了母子二人在教室门口的对话。“妈妈，我书包真沉！”孩子抱怨着。“快进去，我帮你拿着！”母亲接话。“不用。”“书包太重了。”“这书包为什么这么沉？”母亲失去了耐心：“哪那么多

废话！”……

孩子为什么反反复复在强调同一个问题？既然觉得重，那他为什么又拒绝大人的帮助？他的言外之意投射出的是怎样的心理需求呢？反反复复地琢磨着，小心翼翼地推测着：或许，刚从幼儿园生活切换到小学生活，孩子只是需要大人给他一句关于身份转换的肯定。得不到肯定和认同，一颗成长的心灵是浮在半空的，无法在小学的教室里安顿下来。

“书包太沉了！”孩子又在教室门口哭闹。我连忙走了出来：“书包有点儿重是吧？那是因为你长大了，你已经是个了不起的小学生了呢！”给孩子母亲使了个眼色，让她配合我。“小学生要干什么？”孩子停止了哭泣，小声地问。“学文化，做游戏，锻炼身体，你很快就会成长为一个了不起的小男子汉。”我笑着回应。“妈妈，是这样吗？”“当然！”得到了肯定答复后的孩子终于静了下来，释然地走进教室坐了下来。

孩子的成长需要被肯定、被看见，但我们为人师、为人父母者有时候却少了几分敏感的捕捉力，于是，孩子就会在身份转换的特殊节点上充满惶惑和不安。

教育的复杂性就在于“难以捉摸”，其实，每一种“想不明白”“看不懂”的背后都是孩子内心需要的某种映射。多一些探根之问，多一点儿体察之思，才能真正地按需供养，让生命成长一路暖阳。

［原文发表于《班主任之友》（小学版）2021 年第 12 期］

第四章

合理调控情绪

当越来越多的情绪问题困扰着成长中的幼小心灵，班主任要做的、能做的无非就是两点：一是班主任要作为发力者，关照学生的情绪，引导情绪自洽地流动，将积极情绪转变为成长能量，将消极情绪进行转化或排除；二是班主任要引导学生自主发力，改变不合理认知，科学管理情绪。无论哪一点，都需要班主任具有巧妙拨动心弦的能力。

打理好情绪这株花

于赛赛

“小鑫最近变得太差劲，简直是目中无人！”连续几周都有科任教师跟我反映这个问题。其实我也早发现了苗头，这段时间，小鑫似乎变得骄傲自大、脾气暴躁。这一切还要从那场足球赛说起。

上个月，学校足球队参加市里的足球比赛，破天荒拿了一等奖，要知道，足球一直是我们学校的弱项。所以，在升旗仪式上，校长不仅重点表扬了足球队成员，并且发放了十分贵重的“紫藤卡”作为奖励。这让身为前锋的小鑫风光无限，声名鹊起。

自那天起，小鑫就彻底放飞自我了。上着课眼神飘到了操场上，老师说一句，他撑十句。最基本的古诗也背不下来，听写的词语错一半，更夸张的是，语文作文直接不写。我彻底被激怒了，下课把他叫到办公室，一顿苦口婆心：“一等奖固然了不起，可那又怎么样？以后就不学习了？”

“对啊，老师，我以后要成为梅西那样的足球大将，年薪过亿，比学习强多了！”他丝毫没有意识到自己的错误，依然目光坚定，十分有理。

我哑口无言，但我知道跟他辩论是没用的，他已经完全被那次成功冲昏了头脑。这时，我正好瞥到了办公桌上的一盆长寿花，那是学校发的教师节礼物，开得正旺盛，但细看，花瓣已经有枯萎的趋势，算算花期，估计也快凋谢了。于是，我心生一计，拿起剪刀咔嚓咔嚓地把那些大朵的花剪掉了。

“哎，老师，这么好的花你剪它干吗？”小鑫很激动。

我不屑地说：“我生气，不行啊！”

“生气也不能剪花，太可怕了！”他撇撇嘴。

我话锋一转：“其实我是听说把花剪掉以后，下一次会开得更好。”

“怎么可能？剪了还怎么开？”

“你不信？要不咱俩打个赌，这边我剪掉，那边给你留着，看看下次哪边开得好。”我继续说，“不过你得答应我，每天来为它写观察日记。如果你那边开得好，我就听你的，让你当下一个梅西。但你要是输了，就得乖乖听课、背古诗、写作文。”

“没问题！”他满怀信心地回答。

从那以后，办公室多了一个辛勤的小观察员，每天早中晚定时来记录，最开始是一行字，后来越来越多，甚至写到一两百字。每次看他认真地瞧来瞧去，一会儿皱眉一会儿深思，我便觉得可爱。而我的长寿花也特别争气，被剪掉旧枝后不到一个月就萌发出了新的枝叶，还有了小花苞，另一边则还是上次凋零的那些枯枝烂叶，毫无生气。

一切都在意料之中。第二个月，我那边的长寿花就开了，金黄色的花朵在枝头摇曳，似乎在炫耀。我一言不发，只管拍照，小鑫则垂头丧气地对我说："老师，我输了。"

"没关系，今晚回家查资料，再交最后一篇观察日记，并想想为什么。"我内心狂喜却表现平静。

3 天后，小鑫交了一篇 600 字的作文。他在最后写道："我明白了，原来只有剪掉开过花的枝和茎叶，长寿花才能储存更多的养分，为下一次的开花做准备。其实做人也是这样，花期盛时不能骄傲，应当谦虚认真，脚踏实地为以后做准备，这样才能一直进步。"

"其实你的情绪就像这株花，也需要精心管理，骄傲和浮躁都属于负面情绪，修剪掉它会让你人生的花开得更好。"我摸摸小鑫的小脑袋。看来，他都懂了。那一刻我很欣慰。后来的小鑫变得比从前更积极平和，不仅足球踢得好，各科成绩也在逐步提高，期末考试的作文题是"写观察日记"，他得了满分，还受到了阅卷老师的夸赞，真是意外之喜。

教育从来都不是讲一堆大道理给孩子听，教师不过是一个导游，带领孩子们在知识的世界畅游，让他们自己去实践，自己去弄懂，自己去修正，这便是为人师者的教育智慧。

（原文发表于《新班主任》2021 年第 4 期）

孩子，我想我能明白你的情绪

张晋瑜

“如果有一天，你的孩子回来很委屈地告诉你：‘妈妈，我的铅笔今天就放在桌子上，转眼就不见了。’你会如何说？”这是在“家长大讲堂”培训中讲师提出的问题，很多家长进行了尝试，“你怎么总是看不好东西？”“丢了就丢了吧，没事，妈妈再给你买。”“这都多少次了？”在这样的课堂上，无论是说的人还是听的人似乎都能感受出话语里的不耐烦，但现实生活中我们总是忘了面对的只是一个孩子。

讲师说道：“我们不需要总是去帮孩子想办法解决他的问题，这是孩子自己的事情，我们要做的就是感知孩子的情绪，洞察孩子的变化，让孩子知道我们和他是站在一起的。”听着讲师的描述，我眉头紧皱。“人的一生都在治愈自己童年的不幸。”当老师以后对这句话深有体会，孩子的问题终究会在教育上找到原因。在听讲座的这一天上午，我的班级中出现了一个小插曲。

小甜是我们班的一个女孩，刚开学两天就给任课老师们来了个下马威。她是一名成绩较优异的学生，上课时老师提问她，她总是一声不吭，老师但凡话说重了，她便毫不顾及老师和同学的想法，直接坐下来大哭；开学以来数学作业只交过一次，老师问她原因，她便说："我的解题步骤写得不好，不要再问我了。"在小测试时，只要收卷时她没答完卷，她就会当场把试卷撕得粉碎，然后开始边捶桌子边大哭……班级中有这样的孩子无疑是一颗不定时炸弹，随时有可能出现问题。我不知与她相处的正确方法是什么，因此除了上课不提问她以外，我就把她当作正常孩子，会和她开玩笑，也会把她的问题指出来，她脸上的笑容慢慢多了起来，甚至有时候还会主动和我说说话。有一次，我在班级中组织"表扬一个人"活动，她写道："我要表扬班主任，她每天都为我们操劳，很辛苦，她讲课也很幽默，我都能听明白。"这一系列表现让我一度以为，她已经和其他孩子没什么区别了。

就在我觉得我能和她和谐相处时，她总会给我泼一盆冷水。当全班去基地实践学习时，我最担心的就是她，想着一定要安排几个听话的孩子当她的舍友，这样才会避免冲突。可是，该来的还是来了。

那天早晨，我听到外面有大吵大闹的声音，出去便看到小甜对着她的舍长又哭又闹，舍长本来是个乖巧的女孩，但这次也被逼急了，便说了一句："你不想待在我们宿舍可以出去！"我想让小甜先稳定情绪，便要周围的同学把小甜拉住，可小甜大喊道："凭什么拉住我，我还没穿外套，凭什么让我滚出宿舍。"一边说一边冲上来要打舍长，好在舍长调整好了情绪，也没和她继续争执。小甜便回宿舍去穿外套，而我们先到外面排队。之后我们发现小甜不见了，因为还要带着其他同学排队去食堂，我就让两名女生上去找小甜，孩子们回来告诉我：“小甜不在宿舍，也不在厕所。”我心里咯噔一下，维持好班上的纪律后，我顾不上吃饭就跑回宿舍，到处找她，直到在楼梯角落里发现了哭得满脸通红的小甜。

我静静地蹲在她面前没有说话，她哭了一会儿抬起头看着我，我说：“我们去吃饭吧？”小甜赌气地说：“我不吃饭，我不要吃饭，我要饿死我自己，反正我也不会说话，也不会和别人相处，活着干什么，只会讨人嫌！”我耐心地开导她：“别把问题想得那么严重，小女生住宿舍期间有矛盾可太正常了，别想太多。”小甜反驳道：“怎么不严重，她让我滚出宿舍。”她坐在角落里，我蹲在她面前，你一言我一语地说着，慢慢地她的情绪好多了，也停止了抽抽搭搭，就在这时舍长给我们送来了鸡蛋，说：“老师，你们都没吃早饭，快吃吧。”

我刚把小甜带回宿舍，她突然又开始哭着说：“都怪我，让老师没吃饭，老师肯定会告诉我妈妈，然后她就会生气还会担心，我真是……”对于她突然的情绪变化，我很惊讶：“你为什么要这样说呢？”

“我读三年级时，开学没多久，英语老师在上课时突然把我桌子掀翻了，说我没听课，我明明听课了呀，老师又告诉了我爸爸妈妈，他们惩罚我反省。”孩子说着突然又崩溃大哭，我拍拍她的后背说：“这真是挺难受的，你先哭一哭，再继续说。”我们一直这样聊着，其间，我努力用一些有意思的话逗她笑。

晚上便参加了“家长大讲堂”的培训，培训过程中我的脑海里一直浮现出小甜说的事情，甚至去体会她的感受，我也很庆幸自己先接纳了她难过的情绪，而不是站在她的对立面与她讲“老师、家长都是为你好”之类的大道理。关于发生在三年级的那件事情，同学们也和我说过，当时她闹脾气把老师的东西全都推到了地上，还把老师的手机摔了，所以她的家长生气并惩罚了她。这件事情在孩子心里一直是道坎儿，就像她说的：“我以后都不会把学校的事情告诉妈妈了，没有人会听我说话。”

也许家长很难控制住自己，尤其在孩子做错事或是心情烦躁的时候。我们试试先从接纳孩子的情绪做起，简单说一句：“孩子，这件事情真是让人难过啊。”站在孩子那一面，不再让他孤立无援。就像讲师说的那句话一样——“无条件接纳孩子的情绪，有条件接受孩子做的事情”。我想，孩子，我能明白你的情绪。

（原文发表于《年轻人·学校天地》2022 年第 2 期）

改变不合理认知，还情绪蔚蓝天空

王小杰

初遇馨的笑容，是在心理活动室。当时学校组织教师认领一个“阳光天使”（班级里在心理方面需要帮助的学生），帮助他完成一个愿望。馨的愿望是得到温暖，我在网上找到了可以抱着睡觉的恐龙抱枕，因为自我认识她起，她总是冷冷的，甚至是尖锐的。

果然，当我抱着抱枕来到她面前时，她眼里万年不变的冰山有所动容，渐渐有所松动，她虽然冷冷地没有说话，但紧紧地将软软的绿恐龙抱在怀里，嘴角也不自觉露出微不可见但真实存在的笑纹。

馨是我在初三（2）班见过的最有个性的女生，她周身散发着阴郁、冷硬的气息，特立独行，与任何人都没有交集。面对课堂上老师的提问，高兴了就起来回答两句，不高兴就理都不理。她生活在自己的世界里，用旁观者的身份冷冷地看着周围的一切，她的冷漠将自己与周围隔离。这样叛逆的孩子，任课老师不喜欢，班主任也头疼，我也是对她敬而远之，生怕哪天她的无常导致局面无法控制。对馨的改观源于一次错误。记得有一次收周记本，馨竟然交作业了，这是非常少见的，原来馨不在座位上，课代表发现她桌面上有一个写着日记的本子，以为是她准备上交的周记本，就拿了过来。在这不小心误拿的本子上，我震惊地看到了这样一段话：“我是暗黑世界的幽灵，整个世界将我遗弃……他们是如此令人憎恨，想起他们的种种恶心的行为，我心中的怨恨达到了顶点……黑暗的地母呀，请你拥抱我这孤独的幽灵，不要让我独自面对这万恶的黑！”看着上面力透纸背的文字，我仿佛看到了馨冷硬和叛逆的脸，原来在那张写满倔强的面孔下遮掩着一颗千疮百孔的心。是什么原因让馨的心灵变得如此扭曲和不安呢？于是我开始倍加关注馨的一切……

通过馨现在的班主任，我了解了馨的家庭情况，馨是家中的独女，父亲开出租车，母亲打零工。家庭成员简单，家庭结构稳定。可是我总觉得事实远不像表面我们看到的那么简单。通过以前的班主任，我了解了馨以往的表现。初一的班主任说馨在初一的时候还是很正常的，就是不很合群，但积极、阳光，喜欢和老师亲近，是一个很开朗快乐的女孩。初二的班主任说初二寒假后馨突然变得特别叛逆，经常用铅笔刀、圆规等尖锐物品将自己弄得鲜血淋漓的，问她为什么，她也不说，去家访家长也是吞吞吐吐语焉不详。

看来，馨在初二的那个寒假发生的事件让她的心灵受到了巨大的冲击，从而导致她现在的变化。究竟发生了什么呢？

我觉得还是要从馨的家庭找原因，正好我的一个好友是馨母亲的亲戚，她告诉我，馨是被领养的孩子，养父母没有生育能力，她是在襁褓中就被养父母从孤儿院抱回来的。养父脾气挺好，可是因为工作忙长时间不在家，养母在馨初中的时候得了抑郁症，病情恶化得很快，情绪时好时坏，好的时候对馨呵护备至，病情加重时便对馨冷言冷语，指责、打骂更是家常便饭。初二寒假，馨在家中大扫除时，翻出了领养证，之后就像变了个人一样，变得冷漠、尖锐、叛逆。

因为绿恐龙，我和馨之间的关系渐渐亲近。一日班级开展心理活动，主题是“说说我的最不爱”。馨说：“最不爱的是世间虚伪的情感，他们用整整 14 年的时间经营了一场骗局，原来她之前的打骂和指责是发自心灵深处的怨；最不爱的是这个肉体，来到世间，却不受人喜爱，与其被可怜地遗弃，不如痛快地逝去。”如泣如诉的控诉，在心理室中温暖安全的环境中，真实地袒露出来。当与她交流时，她心灵中的痛苦，随着哽咽和泪水倾泻而出……

“我妈（养母）因为病情反复，情绪大起大落，她骂我、打我的时候，我难受，但我不怨恨她。因为我知道她病了，我是她的女儿，她是爱我的。可是原来这一切都是假的，看到领养证的那一刻，一切的打骂就得到了合理的解释，怪不得她能如此严厉地对待我，我爸（养父）也很冷淡地看着这一切，原来只因为我是一个‘外人’、一个陌生人，没有人爱我。我的爸妈（亲生父母）把我生下来就扔掉了，他们也从来没有喜欢过我，既然这个世界上没有一个人爱我这个人、这副皮囊，那我为什么还要爱护自己呢？我把自己弄得鲜血淋漓，没有疼痛，只觉得特别痛快。”

鉴于她此刻的激动，我使用放松疗法，期望帮助她平复紧张和激动的心情。我让她坐进软软的座椅里，给了她一个大大的、柔软的小黄鸭，默默地看着她，时不时递上一张纸巾，让她擦去眼泪。当她渐渐平复了情绪，我接着采用系统脱敏法，和她详细地聊了那段她认为痛苦的历史，历史再现，而她激动的心情已不再，而是慢慢冷静自持了，但偶尔的痛苦依然闪现在瞳眸中。听着她的叙述，我时不时地引导和提问，让她真实地再现每一个细节，在细节中找出事件和她情绪中的矛盾之处，以这些点为契机，让她细思自己的心究竟指向何方。

在听她叙述的过程中，我发现她情绪中的不合理认知有：绝对化理念——没有人爱她；以偏概全的想法——养父母对她的批评是因为嫌弃她是一个“外人”，而没有普通父母批评孩子是希望孩子变好的期盼；更有糟糕至极的念头——这个世界没有人喜欢她的皮囊，她就让自己毁灭。为了改变她的这些不合理的认知，我决定采用情绪 ABC 理论。发现领养证的事件 A 只是馨的自我厌弃、自我封闭的结果 C 的导火索，不合理认知 B 才是引起 C 的直接触手，只有改变 B 才能改变 C。

我首先给馨讲了一个赶考秀才遇见棺材的故事：甲秀才和乙秀才都是赶考的考生，他们在路上遇到了一支送葬的队伍，甲说：“真倒霉，赶考遇见死人了，这次考试肯定晦气，结果肯定不会好。”乙说：“棺材，棺材，升官发财，吉兆呀！”结果，甲在考试的时候心情压抑，紧张到大脑一片空白，最终名落孙山。乙在考试的时候心情愉悦，下笔如有神助，超水平发挥，高中榜首。最后甲、乙都说了一句相同的话：“‘棺材’的预兆真准呀！”这个故事告诉我们，事件 A“遇到棺材”并不能直接导致结果 C，而是由于认知 B 的不同产生了不同的结果 C。馨听了这个故事后若有所思，我趁热打铁说：“馨，你回想一下，你的养父母当时的批评难道真的是因为你是个‘外人’吗？”馨沉思良久后说：“有一次，我拿着手机在路上边走边玩，差点儿被车撞了，我妈回家没收我的手机，还打了我一顿，骂了我。现在想想，当时她可能是怕我受伤，而不是讨厌我吧。”顺着馨的思路，我领着馨分析了她养父母领养馨的初衷：没有孩子的夫妻之所以领养孩子，是想有一个可以被自己疼爱的对象，而不是要报复这个孩子。“14 年的父女、母女情感，从嗷嗷待哺的婴儿抚养至今，爸爸妈妈对你难道只是打骂吗？”馨摇摇头说：“他们给我买我最喜欢的食物，给我买最漂亮的衣服，我出门从来不用坐公交车，都是爸爸妈妈车接车送。家里经济条件不好，他们还省吃俭用给我买了智能手机，他们自己却只用老年机……”随着记忆的面纱被逐层掀起，馨想起了父母对她的好，她发现事实可能并不像她所想象的那样——一纸领养证的出现改变了父母对她的爱。父母对她的爱从来没有变过，变的是自己，因为自己的错误想法，封闭了和父母的沟通渠道，使自己陷进了自己编织的“暗网”中，是自己的错误想法将自己送到了心灵的孤岛，爸爸妈妈的爱一直存在，甚至因为她的剧烈抵触行为让父母变得更加小心翼翼。恍然大悟的馨，脸上流露出后悔的神情：“老师，我该怎么办？”

我告诉馨：“你可以回家抱抱妈妈，主动给爸爸端一杯茶，你如果真的打开了心灵的沟通渠道，爸妈自然就会知道，因为他们时时刻刻关心着你，你一直在他们的心尖儿上，你的一举一动甚至一个表情都刻在他们眼底。”

“谢谢老师，我会去试试的。”馨如释重负地从软椅上站起来。

“祝你成功！”看着在蓝天下行走的馨，我衷心地祝福道。

情绪和情绪导致的行为来源于认知，即看待事物的方式，改变馨的绝对化认知等不合理认知，就能将馨从冰冷的绝望中解救出来，还阳光女孩一片晴朗的天空。馨的事例也启示我：初中生因为视野的狭窄、心智的发育不成熟和心理自我意识的第二次飞跃发展，很容易陷入以自我为中心的旋涡中，从而走入极端，一点点小事，却因为不合理情绪的存在而产生成人所不理解的严重甚至极端的后果。作为老师，明白并接受学生的这一心理发展特点，引导他们去认识和改变不合理的认知，才能扭转他们的奇异甚至极端的行为，而不是只解决引起行为的事件本身。

（原文发表于《今日教育》2020 年第 10 期）

重构认知，引领学生摆脱负面情绪的困扰

杨雪梅

“你们班那个煜，也太敏感、太情绪化了吧！”办公室里，不知是哪位老师提了个头，大家便纷纷把话锋转到了煜的身上。“这个孩子，肯定是心理出了问题，你这个班主任可得小心应对……”

煜的问题，确实是缠绕于我心头难以释然的一个结。“我的目标是考班级第一！”——按说，一个学生有这样的愿望和追求是件好事，可一旦目标发生偏差没能达成，煜就会如遭遇了秋霜洗礼一般，久久颓靡不振；有时甚至老师善意的“你还可以做得更好”、同学不经意的“我也会”之类的言语都会影响他的情绪，令他既恼怒于形又耿耿于怀。

这个孩子身上的种种表现倒令我想起了大家耳熟能详的“半杯水”的故事。

两个人在贫瘠荒芜的沙漠里寻找出口，可是无论怎么走都无法出去，在绝望之余他们仅剩下一人一杯水。要知道，水在沙漠里就像生命一样宝贵。半路上，一根枯枝害得他们摔了一跤，他们杯子里的水都洒掉了一半。两个人都望着自己手中的半杯水，却有着截然不同的想法和感言。第一个人说：“唉，真倒霉，就剩下半杯水了，

我怎么走出这无边无际的大沙漠呀！”另一个人则说：“真幸运，没有全部洒掉，就靠这半杯水，或许我就能走出这大沙漠了！”

不同的认知图式，造就了截然不同的心理和情绪体验——悲观者觉得消极痛苦，只能负痛奔走；乐观者看到了积极与希望，便能快乐前行。在煜的身上，不也是恰恰存在那种悲观、不当的认知图式吗？

要帮助这个孩子摆脱过多的负面情绪困扰，就需要先为他厘清不合理的信念图式，通过重构认知来与情绪问题和谐共处。

认识“绝对要求”的自我伤害

“同学们，老师最近心情很不好，实在没有办法陪你们出去做游戏了！”活动课上，我一进教室，调皮的小家伙儿们便告诉我煜发明了新的游戏，想邀请我一起出去体验。一听与煜有关，这样的机会我自然得牢牢抓住。于是，就“愁眉苦脸”地卖起了关子。

“杨老师你怎么了？”“什么事让你不开心？”孩子们哗地围了过来。“你们说我是个好班主任不？为了工作付出得多不？”“您每天都是最早到校陪我们的”“您肯定是一个有想法、有能力、爱工作的班主任”……孩子们叽叽喳喳又毫不吝啬地为我送上肯定。“我这么努力工作，肯定是希望能得到同学们的喜爱，也能得到领导的认可，可是咱们校长从来就没说过‘杨雪梅老师真不错’这样的话，一次也没有……”抛出了我的“困惑之球”，只为引发学生的思考。

又是一片叽喳声，有的孩子认为校长可能没意识到肯定对一个老师有多么重要，有的孩子觉得老师的表现有点儿幼稚，也有的孩子觉得“努力想要得到”并不意味着“一定能得到”，老师没必要为此纠结……我连忙接过话来：“看来，是我自己的要求太过绝对了，希望得到认可并不等同于别人必须认可我呀，你说是这样不，煜？”我试探着和他讨论。“嗯，如果对很多事的要求过于绝对，一旦没有达到预期，我们自己是会感到难以接受进而陷入困扰情绪中去的……”他努力思考总结。

其实，我只是努力地创设了一个时机，借自己的这番“求助”无痕地去弹拨煜的心弦，希望他在意识到我的“问题”时，也能够疗愈自己的成长之殇。

避免“过度概括”的自我评价

“你这个孩子，有时候真是让人头疼！”刚一进教室，数学老师正拿着彤的卷子大发雷霆。而此时，下一节课即将开始，彤却被打击得闷闷不乐。我意识到，不只是彤，像煜，像明，以及班上的好多同学都容易陷入这种“以偏概全、以点遮面”的负面评价中难以自拔。

“彤，是不是感觉很不舒服？不过杨老师听了心里倒是偷偷地乐了一下呢！”一听我这话，孩子们都瞪大了眼睛：“被批评了还值得乐吗？”“你们会不会听话呀？数学老师这是一棒子把谁打死了，说谁一无是处吗？你们再仔细品品？”引导着孩子们从语言的角度去分析老师的批评，果然大家找到了不一样的感觉：“有时候让人头疼，更多时候还挺好的！”“大部分时候老师还是很喜欢你的。”“人非圣贤，谁也免不了犯错，老师原来只是在给我们提个醒呀！”……

就着同学们的讨论，我做了总结：如果因为遭受一次失败即认为自己“一无是处、毫无价值”，那就犯了“过分概括”的毛病，这样片面的自我否定肯定会严重影响自己的情绪和状态……点出问题，就是在为像煜这样的孩子提一个醒——许多话语、许多评价只是针对当下，没有必要因它而波及自己的未来。

摆脱“糟糕至极”的自我认知

“煜，是不是觉得这次没拿到第一很沮丧？”这一次，我开门见山地和孩子进行了探讨。“嗯，又考砸了，完蛋了！”他始终闷闷不乐。“没有考第一，真的很糟吗？那排在班级最后面的那几名同学要怎么办？”毫无疑问，在煜看来，如果一件不好的事情发生，后果是非常可怕和糟糕的，而我却希望让他看到：对任何一件事情来说，都会有比之更坏的情况发生，所以没有任何事是“糟糕至极”的。

随后，我开始追问：“有没有人比你的成绩更糟？他们是怎么应对和处理的？”“从这次堪称失败的考试中，你有没有试着去思考原因？去认识到与他人的差距？去找寻今后努力的方向？……”这番追问让煜愣了一下：很显然，这些问题他自己从来不曾去思考过。

而我的提示却可以让他对自己的失利有进一步的探索追问，那就是找寻差距，明确努力的方向。

对于成长中的生命个体而言，他们难免会陷入不理性的情绪中，将自己鲜活的生命个体和丰富的心灵体验重重围困。为人师者，我们能做的就是引导学生识别出那些引起情绪功能失调的思维和观念，带领他们去质疑、去探究，最终将那些消极的、自我击败的思维转换为积极的、自我肯定的情绪。

重构自我认知，在理性中走上健康发展之路，这是我带着孩子们进行的自我挣脱尝试，也是我所能为生命成长开辟的另一块心灵疆土。

（原文发表于《今日教育》2021 年第 6 期）

让情绪自洽地流动

张　健

“张老师，孩子说您今天打他了。”刚吃完晚饭，我就接到小宸妈妈的电话。听到这句话，我有些疑惑。我刚接手这个班不到两个月，小宸是班长，各方面表现都很出色，何来打他之说？

经过沟通才知道，原来是我早上因为一件小事拍了小宸的肩膀，他觉得老师是在打他。我跟小宸妈妈在电话中沟通清楚后，误会便解除了。

放下电话，我陷入了沉思：老师传递的信息和学生接收到的信息不匹配，应该怎么办呢？学生将自己的情绪在老师面前隐藏起来，又该如何解决呢？

脑科学家大卫·伊格曼通过“橱窗实验”发现，与成人相比，青少年被他人关注时，情绪反应会更强烈，焦虑程度也会更高，且青少年对社会排斥和社会拒绝非常敏感。

苏霍姆林斯基也曾说过，在我们的工作中，最重要的是把我们的学生看成活生生的人。所以，班主任如何在班级管理中关注学生的情绪和情感显得十分重要。

给情绪一个“出口”

在征求了小宸的同意后，我在班会课上与全班同学分享了这件事，并和同学们商议，开设“情绪倾诉站”，把自己不好意思表达的情绪通过写纸条的方式投到“情绪倾诉站”中，一方面可以宣泄自己的情绪，另一方面可以寻求老师或同学的帮助。“情绪倾诉站”开设的当天收到了很多“心情故事”。小宸也投了一张，他在纸条上面写着：张老师，现在同学们都知道我误解您了，他们背后会不会议论我，我有些担心。通过这张纸条，我看到了小宸敏感而脆弱的心。同时，我也很高兴，他能主动表达自己的情绪了。

我把小宸叫到办公室，拿出一个苹果咬了一口，然后把好的一面对着他，问他看到了什么。小宸说他看到了一个红苹果。我又把咬了一口的那一面转向他，他说看到一个有缺口的红苹果。“你从不同的角度来看苹果，得到了不同的结论。你换一个角度想想你担心的事情，想到了什么？”小宸挠挠头，有点儿不好意思地说：“这件事可以让同学们学着去表达自己的心情，而不是憋在心里。”“真不愧是我们班的好班长。你放心，老师会站在你身边支持你。”听了这番话，小宸如释重负。

作为老师，当我们用心倾听学生的表达，不加入任何评判时，他们会更愿意表达自己的情绪，便于我们发现这一情绪背后的需求。

为情绪贴“标签”

识别自己当时的情绪，觉察并表达出来，给情绪“贴标签”是情绪管理的重要部分。

心理学家莉莎·费德曼·巴瑞特提出的“情绪粒度 ”这一概念，是指个体在情感体验和情感陈述上的差异，以及把相似的情绪状态区分得更精细、更细致入微的能力。情绪粒度越高的人，辨别和调节情绪的能力越强，越能够很好地与自己的情绪相处。反之，低情绪粒度的人无法用具体的词语来描述自己的感受，还可能以躯体化形式来表现情绪。

为了提高学生的情绪感受力，我借助影片《头脑特工队》带领学生认识喜、怒、哀、惧、厌五种情绪，并和学生交流了主人公莱莉的情绪小球从单色到混合色，代表了情绪的多样性，认识了消极情绪的积极意义。

为情绪“贴标签”是有效平复消极情绪的方法。研究表明，当学生能用具体的词语表达自己当时的情绪时，大脑杏仁核的活跃程度明显更低。正如利伯曼所说，一个人在开车时看到黄灯亮起就会踩刹车。当我们将自己的感受、情绪表达出来，就如同给自己的情绪踩了刹车。

和情绪“交朋友”

约翰·弥尔顿在《失乐园》中写道：心是它自己的住家，在它里面，能把天堂变地狱，地狱变天堂。心理学家荣格说：决定这一切的是我们看待事物的方式，而不是事物本身。因此，我们看待不同情绪的态度，跟个人认知有关。

当学生在考试之前紧张焦虑时，教师可以通过团体辅导让学生感受压力，并调整对压力的看法；可以和学生讨论恐惧，看到恐惧带给我们的正面意义；当学生愤怒时，带领学生感受愤怒的背后其实是一种缺失的需求。

每日百字文是处理情绪的有效途径。研究发现，一个人写下已经发生的三件好事时，其大脑就会“被迫”寻找过去 24 小时内潜在的积极面：那些带来微笑和大笑的事情，在学习中取得的成就，与家人更加紧密的联系，对未来的希望等。于是，我要求学生每天记录那些让自己产生情绪的事情，并记录自己当时的感受、情绪和想法。当学生能够更频繁地表达自己内心的积极情绪时，他们就会变得更加开朗和阳光。

威廉·斯泰尔斯认为，一个人在承受极大的心理压力时，往往会想要对他人倾诉。教师可以在班级里营造安全的氛围，让学生可以借助他人的力量获得心理支持，学习排解消极情绪的方法。

除此之外，运动也是调节情绪的有效方式。温迪·铃木研究发现，运动对大脑有即刻的积极效应。运动不仅可以让一个人心情变好，获得更高的能量，还可以提高人的记忆力和注意力。于是，我充分利用课余时间，带领学生跳绳、做游戏，让学生在运动中分泌多巴胺，获得更多的快乐。

让老师的情绪艺术化表达

有时候，教师需要严厉地批评学生，让学生认识到自己的错误，但更多时候，教师的情绪需要艺术化表达。

例如，在课堂上，看到有学生走神，我会根据课程内容联系到这个学生以示提醒，有时候是通过一个玩笑，有时候是引起他的注意。这时候，其他学生会心一笑，走神的学生也不会尴尬。

“瞧瞧，这两个同学的作业太有默契了，连错的地方都一模一样。”当我了解到有学生经常抄同桌的作业的时候，在班上这样说。学生都哈哈大笑，猜测是哪两位同学，而那个抄袭的学生则红着脸，低下了头。

项庄舞剑，意在沛公。教师幽默的表达可以让学生自我领会、自我反思、自我纠正。这样既维护了学生的尊严，又让他们认识到了错误，可谓一箭双雕。当然，作为老师，我们要根据学生的性格特点区别对待。

小奕最近几天总是迟到，没有时间吃早餐。这一天，小奕又踩着上课铃进教室，我俯下身子，轻轻地对他说：“是不是又没吃早饭？下课了来我办公室吃吧，张老师给你买了一份。”

下课后，我把早点递给他，温和地问："你最近几天总迟到，是爸爸妈妈的原因还是你自己的原因？"他羞愧地说："起晚了，路上堵车。""早起 10 分钟不就好了吗？快点儿吃吧。"晚上，小奕妈妈打电话给我，向我表示感谢，说孩子特别感动。

当惩戒源自老师对学生的爱，学生才能体会到被爱，更愿意反思自己的做法，从而改正错误。

情绪状态是心理健康的重要预测指标之一。魏书生说，人如果学会了驾驭自己的智力，驾驭自己的认识，驾驭自己的情感，他就从一个自在的人变成了自为的人。班主任在班级管理中要遵循学生的心理规律，抓住教育本质，引导学生表达情绪、拥抱情绪。当学生与教师的情绪有良好的互动，并让情绪在教室里自洽地流动时，教师便能更好地引导学生实现精神层面的成长。

（原文发表于《新班主任》2023 年第 1 期）

从情绪关照入手，打开特殊孩子的成长之门

孔金妮

马克思说过，教育绝非单纯的文化传递，教育之为教育，正是在于它是一种人格心灵的“唤醒”，这正是教育的核心所在。个性化地关照每一个孩子的情绪，走进他们的世界，用温情融化心头的坚冰，用温暖驱散心头的寒意，引导他们懂得并学会掌控情绪，绽放出别样的美丽人生。未来可期，我们一直在教育的路上！

关照自我情绪，在接纳中解除心篱

一花一世界，一沙一天堂。每个孩子都是一个独立的个体，是一个特别的“小我”，在成长中都会出现“自我为中心”的倾向，主要表现为：一是很少关心别人，与他人关系疏远；二是固执己见，唯我独尊；三是自尊心过强、过度防卫，有明显的嫉妒心。以“白我为中心”的孩子，常常感受不到他人的善意，在与同学的交往中屡屡碰壁，而后会陷入懊恼和痛苦之中，从而诱发抑郁症、焦虑症等心理疾病。

新学期第三天，当发现婧婧不在班级，找遍一层教学楼也不见踪迹的时候，我真的有点慌神儿了。“婧婧——婧婧——你在哪里？”

我一边喊一边四处寻找，听到我焦急的喊声，婧婧以前的班主任赶忙跑来，说："孔老师，去厕所找找吧，多半是躲在厕所的某个角落了！"我赶忙跑去厕所，果然角落里蹲着那个两眼泪花、一脸迷茫的小姑娘。我长舒一口气，伸手去扶她，她用力挣脱，问她发生了什么事，她只会摇头流泪。在安抚了好一段时间后，婧婧才跟我走出了厕所。可是婧婧怎么了？我该怎样帮助婧婧呢？我决定开始对婧婧"躲猫猫"之谜的探究。

我首先走访了婧婧的原班主任，了解婧婧以前的表现。"这孩子也没啥别的毛病，只是不太合群，一不顺心就会跑到厕所里。不用担心，她自己待一会儿就回来了。"原班主任的话并没有让我安心，反而让我更加纠结：不能把躲厕所看成是孩子的平常事，这样的标签不能一直贴下去。

带着一颗深挖到底的探究之心，我又从她的家庭找问题的缘由：原来，婧婧两岁时因为一场高烧，造成了智力的损伤。在家人看来，这完全是因为大人没有看护好才导致了婧婧终身的缺憾。因心存愧疚，对孩子便格外溺爱，似乎唯有事事代劳、事事都想在孩子需要的前头，才是最好的补偿。这样一个在"保温箱"里长大的女生，不但在宠溺中丧失了自理能力，完全不知道自己能做什么，而且因为被关照得太过周全，她无法忍受自己不再是众人的焦点，无法忍受自己的位置被别人取代。看来，家庭才是婧婧产生"自我为中心"倾向的主要原因。

那婧婧在小伙伴那里会有怎样的遭遇呢？我在和孩子们"玩"的时候，"顺便"聊婧婧躲厕所的事情。孩子们在无意识中说了婧婧的事。“老师，她总是很霸道，让大家听她的，也不接受我们的想法和建议。”“她听不懂我们说什么，她做事太慢了。”“老师，她爱闹情绪，动不动就不理人，和她说话她总是仰着头。”……原来，孩子们在一起玩游戏，婧婧总想说了算当小组长，可是因为动手动脑能力差，她总拖小组后腿，加上她嘴巴不饶人，常被小伙伴不待见，一旦受到排挤，她就跑到厕所“龟缩”起来，与外界隔绝。小伙伴的不接纳，是让婧婧躲起来的导火索，怎样让小伙伴接纳婧婧，是我要重点解决的问题。

我认真观察婧婧，早晨孩子们打扫卫生，婧婧会到处躲，好不碍事，她有自己的责任区，却从来不打扫，都是同学们帮着打扫。上课，她会像隐形人一样不参与课堂活动；其他孩子做游戏，她在边上围着看，有时试图参与，但会被孩子们“自然”地推开。她很孤独，最常见的动作就是小手一抄，小脖子一扬，一副高傲的样子。让她有事可做，有事能做，是根本解决之道。

先前老师的关注不多、家庭的过度保护、小伙伴们的排斥、婧婧对自我认识的不足，导致婧婧的部分消极情绪日积月累无法排解，久而久之，她就想逃避现实，躲进厕所成了她发泄情绪的方式。了解到了婧婧的问题，接下来，我开始对婧婧实施了一个大计划。

一是以班级的名义要求每个学生每周要做一次家务或者社会实践，我和婧婧的家长提前沟通好——家长不能代办。班级分享中，我会有意识地让婧婧先说或者多说一些周末做了什么、如何做的、有什么收获，让婧婧学着去分享。二是在孩子们中找了两个小助手，请他们在婧婧有困难的时候为她加油鼓劲，并且为她带刺的话语把把关，挑挑刺，教她懂得怎样表达小伙伴才乐于接受，用孩子们之间的关照来带动和引领婧婧。三是发现婧婧的优点，鼓励她为班级做贡献，比如我通过观察发现她有说话清楚、有序摆放物品等优点。课堂上，只要她能跟读，我就鼓励她为大家领读；她有序摆放物品，我就建议推选她做小导师，教大家摆放物品；当别的同学嫌她做事慢，两个小助手会挺身而出，我有时也会告诉她，“老师也没伴，可以和老师一组吗？”就这样，她得到的关注最多，她感受到我对她的接纳。其他的孩子突然发现这个班上的“透明人”居然也有这么多优点，看到老师都和婧婧结伴，便不再排斥她，开始和她有了更多的互动。

经过一段时间的努力，看到婧婧一点点在融入班集体并欢乐起来，我非常有成就感。而最让我感动的是，收到婧婧妈发给我婧婧分烤鸭的视频，“鸭腿不准吃，要给孔老师”。视频仅仅五十秒，但看了之后，我瞬间有了陶行知先生所说的感动，“他给您一块糖吃，是有汽车大王捐助一万万元的慷慨”。就是这样，婧婧的“自我倾向”有所好转，厕所里那个孤独的女孩不见了，她不再龟缩在自己的“壳”里。她的自我里有了更多的他人和集体，在班集体中婧婧也感受着成长的快乐。

关照易怒情绪，在养正中回归平和

经常有家长抱怨自己的孩子特别爱发脾气，稍有不如意就大吵大闹、摔东西等，有时还会因为一件小事和朋友吵架，甚至大打出手，这让许多家长常常感到无奈和崩溃。普通孩子如此，特殊孩子往往因为遭遇身心双方面的创伤，易怒的情绪尤为严重。我在学校做了个调查，特殊孩子中有易怒情绪的孩子占比高达 72.11%，常表现为大哭大闹、不计后果地打人，有时甚至会诱发其他疾病。事实上，孩子性格暴躁、爱发脾气是个大问题，如不及时纠正，孩子长大了就会变成暴躁型人格。晨就是这样一个性格暴躁的孩子。如何关照易怒情绪，让晨回归平和，是我教他以来就一直探究的问题。

一天早晨，我刚到学校，就有孩子跑到我面前告诉我晨打了值班老师。当我赶到的时候，晨就像一头愤怒的小牛，在与老师对峙着。我的到来，并没有令事情平息。他先发制人朝我大声嚷嚷："你们都欺负我。"真是恶人先告状，我很生气。"在你叫喊之前，先忍耐几分钟吧。"我用教育家赞可夫的话来告诫自己，忍耐，忍耐，再忍耐，一定要平静。他看我没有批评他的意思，就开始默默地流泪。等他平静下来，我关心地询问他发生了什么事。

原来，昨天晚上他把助听器当玩具和启智班的孩子一起玩，玩后助听器却不知所终。值班老师来询问他，他心情不好，就对老师发火。值班老师让他先坐下，他一气之下让老师不要管，动作幅度太大打到了值班老师。

在得知事情经过后，我问他："是不是很害怕找不到助听器？"他点点头，接着又低下头。"你可以告诉老师你很害怕找不到助听器，而不是朝老师发火。"我借机教他学着正确表达自己的情绪。"咱们一起找。"简单明了的话让他学会担当。

后来，在全校师生的努力下，终于找到了助听器。找到后，我把他叫到办公室，用角色扮演将他对值班老师发火的经过演出来。这时的他已经冷静下来了，自觉很羞愧。我引导他，关照他的感受，当自己害怕或想发火时，先数 10 个数，再深呼吸让自己冷静下来，还可以把自己的情绪说出来，比如，“我很着急。”“我很害怕，不知道怎么办？”等等。我还和他一起练习怎样表达自己的情绪。同时，问他值班老师那里怎么办，他低下了头。在我的鼓励下，他去找值班老师道歉了。

为了让晨学会表达自己的情绪，我给予了他正面关注，并及时鼓励他关照自我的感受。他喜欢画画，参加比赛的作品难度比其他同学大，他有些打怵。我就引导他运用“保持正念”，留意自己的目标，有意识地行动，问自己，此时此刻，我能做些什么，如果不这样，我还可以做什么？

心理学家威廉·詹姆斯说过：“人性最深刻的原则就是希望别人对自己加以赏识。”他每做好一件事我就及时给予肯定和鼓励，他的心情也变得好起来。我还引导让他自己说出当时的情绪。同时，我主动联系他的父母，进行沟通，引导他们如何教育这样的孩子，并得到了他父母的配合。慢慢地，他遇到事情不发火了，会用我教给他的方法先冷静后再表达自己的情绪。

养正才能纠偏，教给孩子正确的表达情绪的方式，残缺也能创造出奇迹。

（原文发表于《德育报》2021 年第 38 期）

科学管理情绪，让成长多一点阳光

王迎军

青少年缺乏成人的理性和克制，有时控制不好自己的负面情绪，伤及自身的同时也会伤害他人。只有引导他们科学管理情绪，做情绪的主人，才能让成长多一点阳光。

点醒不点破，弹好情绪疏导曲

三八妇女节亲子书信活动，学校统一设计书信用纸，题目是“__________，您辛苦了”，信纸的背面留有空白处，让家长写回信。一封封书信打开，大部分孩子填的题目是“妈妈，您辛苦了”，中规中矩的感觉扑面而来；还有的孩子非常正式地写上“母亲，您辛苦了”，含着满满的尊重和敬爱。信，有洋洋洒洒千言之多，也有简简单单两三百字，感情浓淡自有不同，而家长的回信多充满了喜悦、满足和感恩，为孩子的成长，为老师的付出，为学校举办活动的用心。

就这样翻阅着，修改着孩子们格式或文字上的瑕疵。不经意间，很突兀地出现了“某某某，您辛苦了”的字眼，我的心一惊！凭着对教育的敏感，我知道直呼姓名的背后肯定有问题。这次活动，就是要孩子表达对妈妈辛劳的感恩和节日的祝福，妈妈的回信还用来参加“亲子书信”大赛。翻向信纸的背面，果不其然，是空白的！潦草随意的字迹，颠来倒去的语句，乱七八糟不着调的抒情，写信人从写下第一个字开始，就不打算将这封信送给收信人。而这样连名带姓地称呼，分明带着挑衅，带着愤怒，带着几分怨憎，竟然是昊！

偷偷观察了一下昊，课堂上忙碌的他有些心不在焉，没有什么大的异样，一切看似很平静。可是，一定是有什么事情横亘在了昊和妈妈之间，影响了本该亲密的母子关系，要不然一向懂事成熟的他不会做出这么孩子气的、不尊重妈妈的举动。是因为作业？是因为手机？或者就是生活小事吧。显然，写下这封信时，昊和妈妈都没有找到解开心结的方法。看其他同学都进入了学习状态，我把昊叫到了教室一角，压低声音问他缘由。一开始他极力否认，没问上几句，昊的眼睛就红了，泪珠啪嗒啪嗒地掉下来了。看得出，憋在心里的不愉快已有些时日。再问，昊也只是沉默，我知道，对于心智高于同龄孩子的昊来说，不必问得太多，我拍拍他的肩膀说：“昊，还记得我告诉你要站在事物之外看事物吗？你现在困在了事情里。没事的时候静下心来想一想妈妈，想一想自己，再给妈妈写一封信，好吗？”昊用力点点头。第二天再见昊的时候，他的脸上带着笑意，还对我挤挤眼，我心底也明亮起来。

是的，有一种教育，能够陪伴、倾听、点拨、建议，但不能替代和走进。因为不是所有的心情都可以与人共享，不是所有的故事都能够寻找得到听众。有些理，别说得太细；有些话，留几分空白；有些坎儿，只能独自走过。

追问助反思，唱好情绪化解调

早晨正是学生打扫卫生的时间，校园里来来往往的学生多了起来。洗手池旁挤满了冲洗拖把、提水的学生。突然，学生堆里甩出一对扭在一起的男生。“是两个男生在闹着玩吧？”我一边想着一边快步走过去，轻拍其中一个男生的肩膀，说：“别闹啦，放开！”可是这个男生揪住另一个男生的膀子，丝毫没有撒手的意思，周围的其他学生也都惊疑地看向我们。我意识到事情不是那么简单，于是厉声喝道：“松手，快放开！”也许是忌惮我作为老师的身份，也许是我的雷霆之怒镇住了他们，两个男生很不情愿地撒开了手。一问才知道他们是八年级的男生，但不是一个班的。

追问缘由，原来是前几天，一个学生课间飞跑下楼，在楼梯上撞到了邻班同学，他手里的书也被碰到了地上，这个学生却连“抱歉”都没说一声就开溜了。不巧，今天早晨冲洗拖把，两人遇上了。书被碰掉的男生就装作不经意地把水泼到了冒失男生的身上，两个人当即就扭在一起。听完陈述，我各打五十大板，立马让他们找自己的错。一个红着脸说碰掉了书不该一跑了事，另一个也面有愧色说不该泼水。两人互相道歉后，我继续追问，“一丁点儿不乐意了，就需要你一拳我一脚地大动干戈吗？”两人都摇头。接着，我让他们说说有哪些坏影响，两个人也都诚恳地说了几条。问题说清楚了，错也认了，由小到大的影响也认识了，问题也解决了。我拍一拍他们的肩膀，最后再提醒：“都是八年级的男子汉了，以后遇到类似的事情，有能力处理好吗？”他们郑重地点点头，击掌握手，情绪的阴霾也随风而去。

其实，不在于教师谈话的技巧有多高明，重在叙述和倾听，分析和反思的过程。你一言我一语，就是给双方的情绪小火苗降降温，让暴怒的心情平静下来。唯有这样，才有助于找准解决问题的朝向，从而解开情绪的结。

多智讲方法，擂响情绪管理鼓

教师多一些教育的智慧，学生管理情绪就多了一些方法。

首先，教师要具备“情绪发现意识”。每一个孩子背后都是一个家庭，家庭的喜怒哀乐背在孩子身上，不经意间也写在孩子们的脸上。班主任和学科教师都应该有“情绪发现意识”，课堂内外，发现孩子的情绪不高，不妨单独聊聊，再悄悄做个电话家访，弄清学生情绪的出处，读懂和读准学生的情绪，才能给出正确的引导方法。

其次，情绪引导要因人而异。对内向型的孩子，可以借用小纸条或者日记进行“情绪按摩”——“今天，老师发现你有点儿不高兴，看到你不高兴，老师的天空也没有了太阳，有什么事儿可以和老师说说吗？”也可以找个合适的时间，设计一次偶遇，在看似不经意的问询里，让学生感受到你的善意和温暖，自然就容易敞开心扉。对外向型的孩子，发现其情绪不好，不妨拉着他的手听他说说内心的委屈，帮他捋一捋问题，找一找解决问题的方法，也可以给他一个拥抱，或者拍拍肩膀。对于因为学习、参赛压力大而导致的情绪问题，教师可利用体育课，或者占用自习课的几分钟时间，领着学生到大操场跑跑步、踢踢球、跳跳绳，在汗流浃背时再畅快喊几声，心里的郁闷和烦恼也就淡了。对于因身体不适或其他原因导致的情绪问题，教师可以利用学校的闲置教室，给孩子一个小小的独处空间，倒一杯果汁，在静静的等待和陪伴中，孩子阴郁的心情里就多了一分绿意。还有简单的心理放松操、积极情绪小游戏、手指操、心理暗示语等，既易于学习又便于操作，也是帮助学生调整情绪的“即时贴”。

最后，情绪处理要合宜有度。对于群体性的情绪问题，教师还要寻求专业的帮助，每两周一节心理健康课，和心理教师一起确定主题，让群体心理辅导更有针对性；对于特殊案例，班主任应向专业的心理教师求助，避免因处理方法不当导致情绪的再伤害事件发生；班主任和学科教师还要注意不能带着负面情绪进教室，更不能以想当然的方法去解决学生间的情绪问题。

作为教育者，在处理学生情绪问题的时候，要在循循善诱中授之情绪化解之“渔”，让每个孩子都能够主宰情绪，跨越坡坎，快乐成长。

（原文发表于《新班主任》2021 年第 3 期）

第五章

专业赋能助成长

教育的本质就是看见人、读懂人、成就人，其背后强力的支点就是关照心灵，为成长赋能。一个具有专业能量的班主任，他必须具备专业的心理知识和技能，在面对学生成长中纷繁复杂的现象时，能够以慧眼慧脑发现问题、解决问题，激发学生潜能引领成长。专业能力的提升，让我们站得更高，做得更实！

做孩子心弦的调音师

王丽娜

儿童绘本《难过的弗洛格》讲了这样一个故事：一只名叫弗洛格的青蛙，在一天早晨起床后感觉有点儿难过，莫名其妙地很想哭，但是它不知道自己为什么难过，也哭不出来。好朋友小熊过来安慰它，可是毫无效果。小老鼠排除了弗洛格生病的原因之后，使出浑身解数，用跳舞、倒立、模仿小丑诸多方式逗弗洛格开心，弗洛格仍然一点儿笑容也没有。最后，小老鼠用小提琴拉了一支好听的曲子，弗洛格在音乐声中放声大哭。情绪得到宣泄之后，弗洛格和朋友们开怀地笑起来，跳起舞来，再也不难过了。

弗洛格的情绪来无影去无踪，让人捉摸不透。我们的情绪又何尝不是如此呢？有时候自己也无法觉察情绪究竟因何而起，但如果不能顺利地将它排解掉，就有可能产生严重的后果。处于青春期的学生尤其如此，他们面对着情绪的困扰，常常会导致叛逆、学习成绩下降等问题。帮助学生觉察情绪，疏通好情绪的通道，教给学生正确调节情绪的方法，做好学生心弦的调音师，是每个班主任的责任所在。

觉察情绪：管理情绪的前提

一个人心态成熟的标志是能够清晰地把自己的情绪和别人的情绪剥离开。青春期的孩子正处于第二次分离（心理分离）期，分离完成之前，孩子的情绪受父母影响很大。意识到这一点，我们往往更容易找到孩子情绪产生的原因。

琳性格文静内向，入班成绩处于中上游。经过几周的接触，我发现琳的课堂表现和作业情况都和入班成绩很不相符。我几次找琳沟通，试图寻找原因，但琳的话匣子始终没有打开。期中检测，琳的成绩一落千丈，她产生了不想上学的念头，把自己锁在房间里，拒绝和父母沟通。这时，恰好学校资助工作开展，琳妈妈提出申请，我和她进行了一次深入的交谈。原来，琳的爸爸在半年前查出了癌症，医生预计即使他接受治疗，生命也只剩不到两年时间。琳妈妈瞒着孩子和老人，一个人拼命加班挣钱，承担着巨大的精神压力和经济负担。

母女俩坐在我的办公室。面对叛逆的孩子，琳的妈妈悲愤交加，孩子则表现出一副就是不想上学的傲慢神态。我想，即使妈妈将爸爸的病情如实相告也不能挽回孩子的心意。我与琳妈妈单独沟通，询问孩子请假在家的两天表现如何，妈妈说琳就是发脾气，没什么其他表现，也没有哭过。我更加确定了自己的想法，对琳妈妈说："孩子并不是咱们想象中的那般铁石心肠，其实她是放心不下你，不想让你一个人面对，才会用这样的行为表达出来，让她把情绪排解掉就好了。”跟家长商量好对策后，我把琳叫过来，要求她必须正常上学，不会给她休学或者请假的机会，并要求她立马回到教室上课。看着我毅然决然的态度，看着妈妈转身离去的身影，琳紧跟了几步想要追上去，却被妈妈一把推开。完全暴露在与母亲分离场景中的琳终于大哭了起来。

其实，琳并非不想上学，她只是情绪低落。她早就觉察到家里的异样，只是没办法也没有勇气去找妈妈证实。学校刚分了班，没有好朋友可以倾诉，所以她的情绪就这样一直被压抑着，找不到排解的出口。她和妈妈之间的情绪连接一直没有剥离开。如果我和家长能够早一点儿觉察到孩子的情绪变化，早一点儿引导她，就不用走这么多的弯路，耽误最佳的教育时机。

疏通情绪：管理情绪的必需

看着琳满脸泪痕，妈妈也忍不住掩面而泣，我默默地陪伴着她们，不禁潸然泪下。我提出让妈妈抱抱孩子，琳在妈妈的怀抱中，闭上眼睛抽泣着。过了一会儿，抽泣声渐渐平息。我给琳擦着眼泪：“老师知道你不放心妈妈，不放心爸爸；老师知道你也想好好努力，但是压力特别大……”听着我说打心底里理解她，琳的泪珠连成了线，扑簌簌地从脸上滚落下来。“孩子，遇到问题要学会求助，老师和爸爸妈妈一样，永远都会在你身边陪伴你、帮助你……”琳使劲地点了点头。经过这件事，疏通好情绪的琳又重新回到了我们的教室。

关注情绪：维护情绪系统的健康

像琳一样不能主导自己情绪的孩子，我想班级中一定还有很多。于是，我将绘本故事《难过的弗洛格》读给孩子们听，让他们体会这个故事的弦外之音。班级中和弗洛格产生共鸣、被情绪困扰过的孩子占了一半多。尤其是2020年新冠疫情发生后，学生面对着学习形式改变、人际交往受限等前所未有的挑战，心理上产生了很多负面情绪。而有的家长只关心孩子的温饱冷暖，关注网课的成绩，却忽视了孩子的内在心理需求，没有意识到孩子只有调整好自己的情绪才能更好地学习。于是，我拟写了调查问卷，调查学生在情绪管理方面的疑惑和需要的帮助，精心筹备了一次主题班会，并每周组织一次情绪管理沙龙，希望能够教给孩子正确管理情绪的方法，维护情绪生态的平衡和健康。

其实，在日常工作、生活中，教师又何尝没有被情绪困扰过呢？当诸多的教学任务、教研压力和额外工作纷至沓来，让人应接不暇时，有的人能迅速地投入一项一项的工作中并且高效地完成任务；而有的人却被负面情绪缠住了脚，难以迈开步子，总得先抱怨一番，发一顿牢骚。于是在不知不觉中既浪费了时间，又没有任何收获，只是不停地内耗着自己，甚至无意间把工作中的情绪带到了家中，发泄在孩子身上。

若陷入情绪的旋涡中不能自拔，必将错过太阳又错过月亮。关注情绪、呵护情绪，维护情绪系统的健康生态迫在眉睫。班主任要做好以下三点：觉察并看到孩子的情绪，允许孩子有情绪，接纳情绪的存在；教孩子学会分析、表达、疏通情绪，通过科学的方法完成内在的情绪流通和释放；时常关注自己的情绪状态，及时拂去那些蒙蔽在心灵上的尘埃，维护情绪系统的健康。做好这三点，我们才能做一个合格的心弦调音师。

（原文发表于《教师博览》2022 年第 20 期）

巧用心理妙招，引导学生向优转化

常人方

在班级中，我们经常能看到这样的现象：当要求学生完成某项任务时，你能得到肯定的答复，但实际上真正去做的没有几个。学生表面看似顺从，内心却并不遵从，甚至充斥着强烈的逆反心理和抵触情绪。心理学上的几个小技巧给了我启示。在进行班级管理时，如果我们能灵活运用这些技巧，就能达到以柔克刚、四两拨千斤的良好效果，让学生们“行顺”变“心敬”。

互惠技巧，唤醒学生自主意识

我们逛超市时，经常会收到免费的试吃邀请。当面带微笑的服务员双手递上他们的产品时，我们拒绝的话会很难说出口；可一旦品尝过，我们会觉得只尝不买不够仁义，于是大多数人会购买产品。实际上，商家在推销商品时巧用了心理学上的互惠原理，表面上是可买可不买，暗中却把人们心中天然具备的亏欠感给释放出来了，以达到自己的目的。

我们班的小许不但课堂上不认真听讲，而且作业也基本不写。

他的自由散漫已经开始慢慢影响身边的其他同学了。某次数学课，我在教室后面听课，恰巧坐在小许的旁边。可能因为有班主任在，小许听得格外认真。让我意想不到的是，他竟然在课堂上弄懂了平方差公式，且在做练习的时候，因为做得又快又好，还为小组争取了两分。下课后，我在班上大力表扬小许，并且号召所有同学向他学习。面对我的赞许，小许的亏欠感被激发出来了，在数学课上他再也不好意思偷懒了。后来，我又私下和数学老师沟通，一路引导小许在我和数学老师的“鲜花与掌声”中进步。小许的成绩虽然没有立刻提升，但是，他的学习态度比以往有了很大的转变。

言行一致，助推学生向优转化

心理学家认为，每个人都有言行一致的愿望。这一愿望让我们在做出选择时会想方设法地按照之前承诺的去做，并坚信自己做得对。一旦做出艰难的选择，人们就很乐意相信自己的选择是对的，并在内心一次次地告诫自己要言行一致。

小勇是我们班的“小刺头”，基本上谁的话都不听。有时候，就连我指出他的一些不足，他都能梗着脖子跟我反驳几句。他做事拖拉，没有时间观念，经常上课铃结束后才回到教室，严重影响了课堂秩序。我多次做他的思想工作，可是没有多大效果。某天，小勇又迟到了。我没有采取以往批评说教的方式，而是给小勇挂出了一个“诱饵”——班级督导的职位。我知道小勇最喜欢到处炫耀，也了解到他对督导这个职位很有想法。小勇一听我让他当督导，立刻向我保证：要按照督导的工作需要严格要求自己，绝不以权谋私。在我的精心指导下，小勇走马上任了，督导工作也做得有模有样。虽然有时候小勇还需要我提醒，但是他转变得很快，班级秩序也有了很大的改善。

小勇身上的不足之处有很多，单纯靠批评说教很容易让他感到不适，也很难让他达到我们的要求。班级督导这一职位，让小勇不假思索地做出决定：“为了符合督导的身份，我要严格要求自己，为同学做出表率。”不得不说，言行一致的威力是巨大的，它让小勇自觉接受来自内心深处的压力，自己说服了自己，以期让自己做到言行一致。

班级管理工作千头万绪，我们要抓住每个学生的特点，对症下药，持之以恒，耐心细致，只有这样，才能做好学生的工作，才有可能收到较好的教育效果。

（原文发表于《新班主任》2021 年第 4 期）

洞察“独特”，激发潜能

陈春霞

关注，发现成长“天赋”

浩是一个全校闻名的孩子，因为他太“顽皮”了，课堂上起哄、课间打闹，个人卫生一塌糊涂，学业成绩更是差到垫底。这样的一个孩子，对老师而言是一个“烫手山芋”。

三年级重新分班，当学生名单到班主任手里时，大家的第一反应便是确认浩是否在自己班上。结果，浩分在年龄最大的王老师班上，而我是王老师的助理班主任。怎么办？一上来就给个“下马威”，直接用威严把浩镇住？或者来个冷处理，无论他做什么，一概不予理会？可是，浩的顽皮也许只是为了吸引他人的注意……反复思量后，我认为应该从浩的优势出发，提高他的自我约束力。

开学站路队，王老师在前，我在后，高大的浩就排在队伍的最后。王老师在前面说：“请同学们跟上。”浩在后面接：“好啰，跟上啦！”他变着腔调的回应有些不一样的味道。“浩，我发现你真的很有语言天赋，这声回应真叫一个精彩！”对于我的表扬，浩并不领情：“想批评就批评吧，不用拐着弯地说好听的，我不相信你心里真的认为‘精彩’。”这个刚上三年级的孩子居然看出了我的言不由衷。我笑了：“难道你不觉得你很有语言天赋吗？这与众不同的音调有几个人能发出来？”浩没想到我会笑着回应他的话。在他发愣的时候，我继续说：“你认为我在拐着弯地说好听的，难道你并不欣赏你自己吗？”“老师，你欣赏吗？”反应过来的浩反问我一句。“你在这种集体活动的场合发出这样的声音我是不欣赏的，但说真心话，你的语言天赋，还有你的反应能力，以及敢说真话的性格，我真的非常欣赏。要不今年你来当数学科代表吧？”“我的数学不好，还能当科代表？”“二年级没学好能代表三年级学不好吗？而且科代表并不一定要数学成绩好，重要的是敢说、敢做、敢想，你不敢吗？”“我当然敢，还有什么是我不敢的吗？”我对他竖起了一个大拇指，然后和他击了一个掌，合作便开始了。

我把这件事情告诉了班主任王老师，王老师非常高兴，在第一节课就将这个消息公布出来，因为是“破格提拔”科代表，所以王老师便向全班同学交代了原因，重点强调了浩“敢说”“敢做”“敢想”的优点。

得到认可的浩下课后便找到我，问我怎么做好科代表工作。我将早已准备好的“科代表职责表”拿给他看。考虑到他识字量不够，我认真地进行了解读。他听得很认真，时不时要问上几句，比如“每天作业收完后要放到哪儿”“订正完错题，小组长用不用向他汇报”“当天完不成改错任务的同学怎么办”等。我在他要离开时，又给他加上了新的评价：敢问，并且思路清楚。

发现浩的“语言天赋”，让他承担责任，本来的目的是在激励中提高他的自我约束力，但后来浩的成长却让我们真正感受到了“矿藏开发”的快乐。

激励，让“天赋”成为动力

浩在课堂上不再起哄，而是真正发挥出他的“四敢”优势：敢问、敢想、敢做、敢说。

还记得教学“直线、射线与线段”的内容时，我让孩子们画一条线来表示桌子的长，孩子们画出了一条直线。我让孩子们再画一条线来表示手电筒射出的光，孩子们便又画出了一条直线，看着这两条几乎一样的直线，浩第一个举手说：“老师，我觉得有点儿不对。桌子的长是固定的，手电筒的光找不到尽头。”一句话便引发了同学们新的思考：如何才能画出这两条线的不同呢？思考后，浩第一个跑上讲台说：“桌子的长是固定的，那就在线的两头画出两个直的小竖线。手电筒的一头是固定的，线的这一头就画一个小竖线，另一头找不到尽头，就画一个圆弧，表示它很长。”经过进一步探讨，“端点”的概念便在浩的质疑下顺势而出，线段与射线的概念得以建构。

就这样，班上每一个孩子都知道“浩有语言天赋，他还敢问、敢想、敢做、敢说”。而浩的语言天赋也在赏识与期待中不断得到开发。

学校举办特色活动，需要召集一批小解说员，浩毫不犹豫地报了名，因为“我有语言天赋”。当大家都在认真地一字不落背着解说词的时候，浩告诉大家："解说时要随机应变，不能死记硬背。"大家都表扬浩"会说"，浩便说得更加自信了。解说当天，浩不仅口齿清楚，而且与参观学校的人之间的互动特别自然。现在，他成了学校有名的"金牌解说员"。

一句"有语言天赋"不仅让浩有了自我约束的能力，而且成了浩引以为傲的优势。因为这一优势，浩越发优秀，所有与语言相关的活动，都可以看见浩的身影，而浩的学习成绩也在这不知不觉中提升起来。

坚持，让"天赋"成为能力

因为被认为有语言天赋，所以课堂上浩听讲非常认真，回答问题也非常积极。在不需要他回答问题的时候，他也能管住自己的嘴巴，因为浩是老师的"智多星"，智多星是要在关键时刻发挥作用的。浩在课堂上成了一个非常守纪律的人，在课间也非常自律，毕竟，"天赋不能浪费在违反纪律上"。因为有语言天赋的人不仅自己"会讲"，而且也会"教别人讲"，所以浩还成了学校三年级"数学小讲师团"的团长。中午，他会给"数学小讲师团"的骨干成员做讲解指导，特别受班上学生的欢迎。因为被需要，浩便有了主动成长的欲望。

六一儿童节文艺会演时，学校要排练课本剧《刘胡兰》，浩主动要求扮演叛徒，并给出理由："因为我长得胖，演不了别的，所以符合叛徒的角色需求。叛徒在语言表达上的要求也会更高一些，我觉得这个角色非我这个有语言天赋的人莫属。”演出当天，“叛徒”的表现获得了大家的一致好评。

浩的妈妈反映，上了三年级后，浩改变得太多了，不仅在家不再无理取闹，而且主动要求参加电视台举办的“主持人”培训。浩有了一个理想：长大后当一名播音员。

有了目标后，浩非常勤奋地学习语言知识和朗诵技巧。如今，浩以优异的成绩考上了高中。中考结束的那一天，浩在学校门口等到了我和王老师。高大的浩向我们深深地鞠了一躬：“感谢两位恩师，让我的‘无理取闹’变成了人生的‘财富’，让我找到了自己的天赋。没有两位恩师的赏识，也许我依然是班里那个最让老师头疼的‘捣蛋鬼’。我没有浪费我的天赋，虽然离优秀还有差距，但我相信只要我努力，将来一定可以成为一名优秀的播音员……”听着浩的肺腑之言，我和王老师相视而笑——无意之中我们挖掘了一座宝藏。

每一个孩子都是上天派来的天使，他们或许有着这样或那样的不完美，但每一个不完美的背后都隐藏着能量。跳出教师这一职业的束缚，从学生的个性发展出发，把握时机，赏识他、激励他，也许他的独特便可以成为他的“天赋”，他的“天赋”也许正是他成长的潜能。当这种潜能得到激发，成长便会朝向辉煌、朝向灿烂。

（原文发表于《新班主任》2022 年第 10 期）

好风凭借力，激励需“有道”

张玫馨

美国教育心理学家罗斯·坎贝尔说：“每个孩子都有一定的情感需要，这种需要决定着孩子行为中的许多东西，如愉悦、满足、高兴。自然情感贮存越充实，情绪就越高涨，行为也就越好，他才能感觉到自己处于最佳状态。”

教师对儿童的鼓励、赞赏是孩子前进的动力，也是增进师生感情的一种途径。平时常说“好孩子是夸出来的”，我们都明白这个道理，但用什么方法、夸到什么程度是需要在具体的工作中探索的。

传达你的认可和肯定

平时上课的时候，我用得最多的鼓励形式是点头、微笑、注视、赞美；课下我的学生喜欢和我聊天儿，我经常摸摸他们的头、捏捏他们的小脸、拍拍他们的肩膀，这些身体语言帮助我传达了我对他们的认可和肯定。

但也有一些特殊情况。记得班上有个男生的家长酒后曾打电话向我告状，诉说他儿子在家不懂礼貌的种种表现，但我仔细观察了这个学生一段时间后，发现他在学校并没有什么不良行为。不仅如此，他对老师和同学都很有礼貌，于是，我进行了一次家访。在和他父母的交流中，我告诉他们，孩子在学校表现很好，还举例向他们说明他在校很有礼貌。其间，我偷偷地观察他的表现：一开始，他一声不吭，悄悄地躲在门后偷听我们的谈话。过了一会儿，他端水来客厅，还对我笑，我摸了摸他的头，发现他的眼里泛出了泪花。临走，他母亲到楼下送我，又聊了几句，这时我才知道孩子的父亲经常喝酒、打麻将，孩子不喜欢父亲的这些行为，所以经常顶撞他，不给他好脸看。

家访后，我有意在“谈天说地”的时候，跟学生们聊健康生活的话题，还让他们搜集相关资料，我对他们说：“现在有很多小孩子和年轻人很注意自己的健康，也想让自己爱的人有健康的生活方式，但改变一个人不容易，我们要有耐心，更要有方法，用他乐于接受的方式表达，你的爱才更有意义。”我还在班上设立“生活习惯奖”。

一个星期后，这个男生的父亲打电话跟我说，孩子每天晚上会念一段健康小知识给他听，也不怎么跟他顶嘴了，有一次他喝酒后孩子还给他倒了杯蜂蜜水……他很惭愧，不敢说自己能改，但愿意做出尝试……后来，我把第一个“生活习惯奖”颁给了这个男生。

升华物质奖励

对于现在的小学生来说，在家、在校听到的表扬实在太多了，已经习以为常，怎样才能让表扬起到应有的作用？最直接的办法是物质奖励。

我平时注意观察学生的喜好，每次去超市看到有孩子们喜欢的小物件就买点存着，以备不时之需，当然有时也会直接买适合孩子们吃的小零食。乐于帮助同学的学生，我送女生小发卡，送男生积木，让他们心生美意；对积极参加运动会或公益活动的学生，我会直接发给他们小蛋糕，鼓励他们积极向上；外来务工子女学习有进步了，我会送他们书、笔或本子。

当然，要想让物质奖励起到长时效应，我们还需要多花一点儿心思，比如说给予物质奖励之后，给他们拍一张照片存在班级相册或者张贴在光荣榜，让物质奖励升华为一种精神追求。学生都想获得老师的肯定、同学的认可，只要激励的方式得当，他们自然就会加倍努力。

巧用积分制

在班级管理中，我们经常用个人积分或小组积分等形式辅助管理。我也做过很多尝试，比如：在黑板上设置小组擂台，在墙上贴个人积分表，或者在课本上盖章积分。其实这些方法大同小异，我觉得操作简单、方便统计、老师用着顺手就行，最重要的是及时总结、表彰。

我们班现在用的是“信用积分”制度。2019 年学校在创建全国文明校园的过程中，师生们都付出了很多辛勤的劳动，但是有个问题渐渐凸显出来：越是干得好的学生，老师越愿意把事情安排给他，干得不好的人反而清闲。这样就导致了对学生的不公平。怎样解决这个问题呢？学校在教师中推行的社会信用体系评价考核方法给了我启发，我就参照设计了班级信用积分，号召学生参与志愿服务。凡是参加了额外劳动，完成了额外任务的一律计入信用档案进行加分，累积到一定分值后，抽奖奖励特权。对于一些学生都想参加但名额有限的活动，就根据信用积分排名，分数高的学生优先选择。比如学校组织教师周末参观沈秀芹纪念馆，每位教师可以申请带 4 ～ 6 名学生参加，想参加的学生很多，我就按积分高低排出前 6 名，带领他们参加活动。被选上的学生，包括他们的家长都自豪极了。此后，只要学校、班级有活动，我们班学生都能积极参加。

学生渴望获得认可和肯定，作为班主任，如果对学生的付出视而不见，就会挫伤学生的积极性。选择一种适合班级的评价体系，落实到位，及时总结，给予学生认可和肯定，只要你的方式能促进学生的成长，那它就是最好的。

（原文发表于《德育报》2018 年第 1491 期）

遇见冲动型男孩

张　健

“张老师，你快去看看吧，小帛和小正打起来了……”课间，班长急匆匆地跑来。五年级的大孩子，竟然还能大打出手，这也真是让人挺意外的。

教室里，几张桌子横七竖八地躺在地上，小帛正掐着小正的脖子，小正满脸通红，眼泪汪汪的。几个班委成员在旁边拉架，小帛依然不放手。

看到这样的情景，我大声喝道：“小帛，松手！有事说事，不许动手。”

小帛没有松手，红着眼睛说：“他先惹我的，我要弄死他！”

我上前一步，拍着两人的肩膀，说：“都冷静点，有问题张老师和你们一起解决。”

小帛这才不甘心地松开手，瞪着小正，好像要把小正吃掉一样。

原来，课间，小正经过小帛的课桌旁，不小心把他的书碰掉了。小正还没来得及道歉，就遭到小帛的一顿打。

说起小帛，真是令人头疼。还没接这个班时，我就听说了小帛的大名。一年级时，他领着班里的几个男生把学校劳动实践基地的萝卜拔了，扔到学校围墙外面停放的车上。二年级打了老师一巴掌。四年级时，跟老师怄气，故意拿拖厕所的拖把拖教室……

不难看出，小帛属于冲动型人格的儿童，在行为习惯方面存在不少问题。

共情，接纳学生的错误行为

放学后，小帛的妈妈来教室接他，一进教室，她就指责小帛："你能不能改改你的臭脾气？别和你爸学！"小帛马上反击："我怎么了？别人惹我，就不行！"

我赶紧说："大家坐下来好好说话。"

我让小帛先说了今天这件事的前因后果，并要求小帛妈妈在小帛说的时候不插嘴。

小帛梗着脖子说："小正故意碰掉我的书，这是一种挑衅，不能饶了他。"

"你觉得他是故意的，必须给他点儿颜色看看，是这样吗？"我进一步问。

"是的。我也没想着怎么样他，但是，我一发火就控制不住自己。"

"除了暴跳如雷，还有其他解决方法吗？"我追问。

小帛搓着手，想了一会儿说："可以让他给我捡起来。但是，把他打一顿，他就能记住了。"

“你觉得打能解决问题？”我反问。

“是的，在家里，爸爸就这样打我。”

“爸爸打你，你是什么感受呢？”

“我很生气，有时候也想打他。”小帛低下头。

“你好好想一想，用暴力能从根本上解决问题吗？”我让孩子去隔壁教室自我反思，和小帛妈妈继续聊。

小帛妈妈皱着眉头抱怨：“我也知道，这个孩子要好好管。我请了一个保姆照顾他，但他整天和保姆吵架，人家都不愿意来了。”

通过交流得知，自从小帛有了妹妹之后，父母因为没时间照看孩子，经常吵架。小帛在家里听到的都是父母互相指责的话。父母对小帛的关注减少了，小帛的学习和行为习惯等方面出现了很多问题。父母没有指导，只有责骂，很多时候，父亲还会动手。

从原生家庭找答案

作为小学生，对他们影响最大的便是父母，是原生家庭给他们的人格形成烙上了深深的印记。因为父亲的暴力、母亲的消极情绪，他变得易怒、情绪化、行为偏激。

通过绘画、沙盘等心理游戏，我开始走进小帛的内心。他在“人、树、房子”的绘画和摆沙盘的过程中，表现出渴望别人关注、内心自卑和极度敏感的特质。

每次绘画和沙盘游戏结束后，我都会邀请小帛的父母利用下班或周末时间去看看孩子的作品，并一起交流。毕竟，小帛身上出现的问题正是父母行为的投射。父母不尝试改变，孩子回到家里又会“重复昨天的故事”。

刚开始，小帛爸爸很抵触，他觉得老师在故弄玄虚。在妈妈的坚持下，小帛爸爸才走进心理咨询室，当他看到孩子的画，并听到我的解读之后，这个身高一米八的大汉动情地说：“没想到，我给他造成了这么大的伤害。我从小就是被打大的，哪里想到这么多呢！”

我引导小帛和父母一起制订“做情绪的主人”计划，每天减少发火次数，别人惹怒自己时，先静下来，做三次深呼吸。

小帛发脾气的次数在逐渐减少。

寻找契机，建立自信

一天，五年级举行篮球比赛。小帛是主力，只见他在赛场上奋力拼搏。我心里感叹，家校联手，孩子的转变真是太惊人了。

“啊，我的腿！”小帛突然大哭着躺在赛场中间。我赶紧跑过去，原来，他的膝盖之前就磕破了，本来已经结痂了，刚才对方球员不小心撞到他，结的痂又裂开了。

“小帛，你休息一会儿，让别人替你吧。”我关切地说。

“不！我要上。”小帛摇着头。他站起来，指着对方球员叫：“你们是怎么打球的啊？”

我一看，这怎么又开始无端指责了。

我转念一想，冰冻三尺非一日之寒，这何尝不是小帛自我突破的好时机呢?

我对小帛说:“小帛，这正是考验你控制情绪的时候。你选择上场，老师为你加油!选择下场，我们也为你点赞，但不能乱发脾气。”

小帛选择坚持比赛，看着他拖着流血的腿跑来跑去，我真觉得小帛是个硬汉子。

经过一番拼搏，我们班终于逆袭，夺得了冠军。小帛和其他队员抱在一起，流下了激动的泪水。

我心里一阵激动，不是因为我们班夺得了冠军，而是因为小帛终于战胜了自己。

小帛回到教室，同学们都自发为他鼓掌。小帛第一次羞红了脸，因为他赢得了所有人的尊重。

有些事情看似糟糕，但在糟糕的背后，有成长的契机。我们只有用心探寻“冰山一角”的深处，才能解开每个孩童成长的密码。

“刻度尺”工具，增强自控力

心理学研究表明，冲动型性格儿童在出现问题时，往往无法脱离问题的局限进行反思，容易钻牛角尖。

因此，我定制了一把刻度尺，并在上面刻上 1 到 10 的刻度。小帛生气时，我让他尝试用刻度尺为自己的情绪定位，并设想改善后的刻度。如此，基于“小步思维”，让小帛更加直观地感受自己的情绪，并看到自己的进步，提高自我控制能力。

在一次小组讨论中，小帛因为与组员意见不合，将对方的文具扔在地上。

下课后，我与小帛展开焦点对话：“老师想请你回忆一下，刚才课上与同学意见不一致，你的情绪指数是多少？你可能会采取哪些行动？”通过对话，引导小帛觉察自己的情绪指数。接着，我根据小帛的回答继续引导：“是的，老师能感受到你的愤怒。你有打人的冲动时，是怎么控制自己的？”通过引导，小帛能够站在第三者的角度看到自己当时的负面情绪，以及自己的情绪变化。就这样，借助“刻度尺”这个媒介，我站在小帛的立场上，引导他自己去觉察、去感受、去改变。

刚开始，我帮助小帛记录他的想法，对情绪刻度进行详细记录。后期，小帛能自己记录，并画出自己的情绪曲线图。小帛看到了自己的反复，也看到了自己的进步。

从量变到质变，小帛获得了改变的信心，并努力地改变着自己。

（原文发表于《新班主任》2022 年第 9 期）

运用非暴力沟通技术，激发学生的生命潜能

曹新燕

新冠疫情发生后，学校心理健康教育面临前所未有的挑战：学生学习动力不足，玩游戏上瘾，情绪管理水平降低，与父母之间的矛盾加剧……一系列问题，引发我们深入思考：学校心理健康教育应该做些什么？心理教师可以为学生的成长提供哪些帮助？建立和谐的语言系统，正是帮助学生解决情绪问题和亲子矛盾的有效方法。和谐的语言系统也有助于学生形成自我认同和自我价值感，对克服游戏上瘾，提高学习兴趣也有助益。

语言虽然是我们沟通的主要工具，但也常常被用来隐藏或对抗真实情绪。我们常常会因此而被语言束缚，难以体验内心的真实感觉。建立和谐的语言系统，采用非暴力沟通技术，能从根本上解决沟通问题。

以一首诗理解非暴力沟通

与非暴力沟通相对的是暴力沟通。暴力沟通，源于人们忽视彼此的感受与需要，而将冲突归咎于对方，隐蔽了我们对人对己的爱。

暴力的语言常常引发自己和他人的痛苦。

非暴力沟通，也被称作“爱的语言”。美国的马歇尔·卢森堡博士发现了一种沟通方式，能培育彼此的尊重、关注与爱，能重塑人们对冲突的积极思维方式，增进爱和理解，加强人与人之间的联结，使得人们乐于互助，故称之为“非暴力沟通”。非暴力沟通模式的四个要素是：不带评判的观察，表达感受，说出需要，提出具体的请求。

《非暴力沟通》一书中，有一首小诗，能帮助我们理解“非暴力沟通”——

我从未见过懒惰的人；
我见过
有个人有时在下午睡觉，
在雨天不出门，
但他不是个懒惰的人。
请在说我胡言乱语之前，
想一想，他是个懒惰的人，还是
他的行为被我们称为“懒惰”？

我从未见过愚蠢的孩子；
我见过有个孩子有时做的事
我不理解

或不按我的吩咐做事情；
但他不是愚蠢的孩子。
请在你说他愚蠢之前，
想一想，他是个愚蠢的孩子，还是
他懂的事情与你不一样？
…………
因此，我得出结论，
如果不把事实和
意见混为一谈，
我们将不再困惑。
因为你可能无所谓，我也想说：
这只是我的意见。

笔者想借助诗中的两个关键语句，帮助大家深入理解非暴力沟通。

“他是个懒惰的人，还是他的行为被我们称为‘懒惰’？”

“他的行为被我们称为‘懒惰’”，符合“叙事疗法”中的“问题的外化”。《叙事疗法》一书中指出：“叙事疗法的治疗师通常运用语言强化问题对于个人的影响而非假设人即等于问题。我们称此种语言为‘问题的外化’。其目的是协助来访者将自我认同与问题分开，并且了解问题来自环境或人际互动历程，而非其心理或人格。”

简言之，叙事疗法的核心是：人不等于问题，问题才是问题。

将人与问题分开，有助于避免因“贴标签”而造成心理困扰。

请判断下面两句话，哪种语言是“问题的外化”呢?

A. 你们两人都被压力影响着。

B. 你们两人都很有压力。

如果您选择 A，那么我们的想法一致。A 选项“被压力影响着”将人与压力分开，个体通过改变认知方式（根据“情绪 ABC”理论改变对压力的认知），或者通过制订目标计划解决目前的压力事件等多种方式，能够战胜压力。B 选项“都有压力”则让个体失去与压力斗争的心理力量。

所以，基于叙事疗法的“问题外化”语言模式——人没有问题，只是出现了问题行为——属于非暴力沟通。

“他是个愚蠢的孩子，还是他懂的事情与你不一样?”

加德纳提出的多元智能理论认为，人类思维和认识的方式是多元的。每个人身上至少存在七项智能，即语言智能、数理逻辑智能、音乐智能、空间智能、身体运动智能、人际交往智能、自我认识智能。后又发展出第八种智能——认识自然的智能。

基于多元智能理论发展的非暴力沟通，相信人的发展潜能，相信人们口中的“愚蠢的孩子”只是“懂的事情与你不一样”。因为在某一个领域“愚蠢”的人，或许是另一个领域的天才。很多天才都证实了这一点。爱迪生也曾是老师眼中“愚蠢的孩子”，可是他对科学的认知，对世界的贡献真的与我们“不一样”。总之，在非暴力沟通中，没有“贴标签”，只有对客观事实的描述。

非暴力沟通的两个注意事项

运用非暴力沟通技术，要注意以下两点。

第一点，不要给学生贴标签。

“不把事实和意见混为一谈”，这是沟通的重点注意事项，也能引出一个新型评价观——只描述事实，不做评判。描述事实的基础是观察，所以，观察是非暴力沟通的第一步。

请不要给学生贴上“懒惰”“拖延”“多动”这类标签。如果在家校沟通中，遇到家长给孩子贴上这类标签，我们也要用非暴力沟通的方式，劝诫家长不要给孩子贴标签。为什么不要贴标签呢？我们来做一个小实验：请不要想一头粉色的大象，请一定不要想一头粉色的大象。请问：你的脑海中出现了什么？

那么不贴标签，我们要怎么做？描述事实。

当学生因为分心看了课外书而没有按时完成课堂作业时，我会说：“在课堂作业时间，我发现你读课外书了。我希望你能安排好先后顺序，先完成作业再读书。”假如我们说：“看你拖拖拉拉，还三心二意。”那学生心里会有何感受？或许他会记住此刻的情绪，甚至把这种情绪带到以后看课外书中去，影响读课外书的心情。

第二点，描述事实，不评判。

请注意，描述事实时有一点很重要：你希望学生成为什么样子，你就对他说什么。

如果你希望学生能够认真地完成作业，下面两种说法，你会选择哪一种？

A. 作业要认真书写，不允许写“草虾”。

B. 作业请工整书写，做到一笔一画。假如画改超过3个字，请重新写。

假如你希望学生不随便向地面丢纸屑，下面两种说法，你会选择哪一种？

A. 不允许向地面丢纸屑，保持地面干净。

B. 当你的桌面上、桌洞里有纸屑时，下课之后，希望你把它们丢进垃圾桶。当你发现地面有纸屑时，请把它捡起来，请做到“见纸弯腰”。

请问以上两种情境，你会选择哪一种说法？如果你选择A，那么我们的想法不一致。

刚刚我就运用了非暴力沟通技术。非暴力沟通技术的一个重要观点是不评判。如果我说选择B是正确的，这是评判。“我们的想法一致”这是事实。如果你能遇事“讲事实，不评判”，你便向非暴力沟通迈出了重要的一步。

非暴力沟通的三个步骤

为了让大家更形象地理解非暴力沟通，我给大家讲一个真实的故事。

一次放学回家，儿子一直低着头，吃不下饭。问缘由，才知道儿子数学考了59分（满分120分）。

我说："看得出来，你很难过。看到你难过，我很心疼。我初四时数学曾考过65分。数学老师批评我，我大哭了一场。后来查找原因，中考时数学取得了很好的成绩。"

儿子说："妈妈，我还没考到65分！我才得了59分。"

孩子爸爸说："看你马虎的，考了几年试居然能忘记涂答题卡，你的手都干什么去了？"

我拦住了孩子爸爸的情绪发泄，对儿子说："对于这件事，你有什么想法？下一步你想怎么做？"

他说了几点做法，我很欣慰。我说："我希望接下来你能合理安排时间，尽早完成作业，保证充足的睡眠。"一件原本要引发家庭战争的事，就这样化解了。

那么，怎样进行非暴力沟通呢？我们可以通过三个步骤来实现。

第一步：观察。

"看得出来，你很难过。"这就是观察。孩子感到被理解，有助于更好地沟通。

观察是把看到的说出来。这里值得注意的是：只说看到的，不评判。评判容易贴上负面标签。孩子爸爸说"看你马虎的，考了几年试居然能忘记涂答题卡，你的手都干什么去了？”，这里的“马虎”和“手干什么去了”就是评判，就是负面标签，反而容易把问题窄化，将问题转移。当问题转移了，就是无效争吵的开端。

不评判的好办法是：多提问题，如问孩子“对于这件事，你有什么想法”“接下来你打算怎么办”“你有什么好办法”，或者简单地问“你觉得呢”。

不评判，多提问题，不仅可以运用于亲子沟通，还可以用于班级管理中。

第二步：体会和表达感受。

我说：“我初四时数学曾考过 65 分……”就是分享体会和表达感受。这样说的潜台词是：我曾经有过和你一样的经历，我能理解你的感受。其实，这也是示弱。在表达感受时，示弱有助于解决冲突。孩子容易在你示弱时打开心扉，愿意分享他的感受和需要，有效沟通才能真正开始。

第三步：说出我们的需要。

“我希望接下来你能合理安排时间，尽早完成作业，保证充足的睡眠。”正是“表达需要”。

《如何说孩子才会听　怎么听孩子才肯说》《正面管教》《教室里的正面管教》《不吼不叫：如何平静地让孩子与父母合作》都是以非暴力沟通技术为基础。当发生亲子矛盾时，如果家长都能按照“说出你的观察”“表达你的感受”“说出你的需要”三步走，就会发现解决问题并不难，孩子的叛逆行为也会减少。在这样的沟通环境中，孩子乐于放开自己，愿意说出自己的感受和需要，亲子关系会更加密切。

和谐的语言系统不仅是亲子沟通的需要，也是学校教育的需要。

开学后，月月连续好几天上课提不起精神。我和她沟通后才知道，妈妈去姥姥家，看到月月的房间比较脏乱，就边收拾边数落月月。孩子不敢吭声，却在心里生闷气：那明明都是表弟弄乱的，为什么要责备我？

我说："妈妈没有弄清楚情况，就责怪你把房间弄得脏乱，你听了很生气（说出观察）。你觉得房间乱不是你一个人的责任，我能理解你的想法（表达我的感受）。我希望你能把自己的感受告诉妈妈，因为我想每天都看到那个快乐的月月（表达我的需要）。"

月月听了我的话，开始向我倾诉："表弟看电视看到半夜故意弄醒我，不让我睡觉；在我写作业的时候，他还抢我的笔；常常把我的房间弄得一团乱，害得我收拾半天……"

孩子乐于说出内心的委屈是件好事。当她选择把憋在心里的话全部倾诉出来的时候，正是她释放情绪的开始，也是非暴力沟通走向深入的契机。我给了她一个拥抱，让她想象表弟让自己烦躁的时候，内心有什么感觉。她说内心像装了一只小刺猬一样。我引导她深呼吸，和内心的小刺猬沟通，与它和解，最后送小刺猬离开。她笑着对我说："今晚我要回家打电话告诉妈妈，房间是表弟弄乱的。我还要对表弟说，以后在我的房间玩够了，要把我的房间恢复原样再离开。"我很高兴，孩子懂得用建设性的方法解决生活中的困扰，这样的心灵成长是多么可贵。

可见，用非暴力沟通技术建立起和谐的语言系统，还需要教育者引导孩子“发现自己的存在”，同时引导家长“发现孩子内在的需要”。一旦学生懂得善待自己，善待他人，生命的潜能就会不断地被激发。

（原文发表于《今日教育》2020 年第 10 期）

巧妙发力，拨正“负向群体极化”的风向标

曲艺宁

学期末民主评议，评选班级优秀班干部，出乎意料的是班长小杨仅得到了寥寥七票，远低于其他班干部得票的平均数。小杨对班级的管理可谓勤勤恳恳、劳心劳力，班级各项工作做得有声有色，班级秩序井然。现在出现这样的评选结果，着实令人费解。看着小杨低落的情绪，为人师者的职业责任感提醒我，必须及时妥善地处理好这个问题。于是，找了个合适的机会，我支开了小杨，在班里召开了一个讨论会，探寻小杨落选的原因。

一向快言快语的小伟率先打开了话匣子：“老师，我终于等到这一天了，别看小杨在您面前表现得那么好，其实他对我们同学，根本就是两副面孔。我们年龄相仿，他凭什么总拿那种长辈的口吻教训我们，我就看不得他这股劲儿。”小伟的话，犹如在平静湖面扔下了一颗石子，霎时激起层层波澜，学生们七嘴八舌地小声议论起来。

小杨的同桌小李第二个开口：“老师，虽然我知道小杨对我的学习很关心，但是他有时候说话真的很伤人，遇到难题我做不出来，他就会说我笨，教我解题的时候也是趾高气扬，让人心里不舒服。”

副班长小宋也跟着站了起来："都说官大一级压死人，小杨经常拿班长的权力压我，我提什么意见他都不听，完全就是个人主义！"小宋的脸上甚至有一丝丝愤愤的表情。

副班长的话，好似火上浇油。班里学生们的讨论更激烈了。归纳起来，他们大致罗列出了小杨数条"罪状"：对待同学的态度不好，管理班级态度粗暴，以自我为中心，在老师面前爱表现，等等。我静观眼前的一幕，没有干涉，也没有对他们的"共识"做出任何评判。脑子里飞快地思忖着接下来如何面对与扭转学生们出现的"一边倒"现象。

之所以任用小杨担任班长，不仅仅是因为他之前的竞职演说获得同学们的一致好评，更源于我对他的了解。小杨出生在一个单亲家庭，早年失去父爱的他比其他同龄人更早懂事，也更加成熟，当其他孩子还泡在蜜糖罐里的时候，他就已经自食其力，想办法补贴家用。他学习成绩优异，各科老师都交口称赞，他做事勤快、任劳任怨，经常帮助同学打扫卫生，只是，这些显而易见的优点却被大部分同学屏蔽，取而代之的则是被放大的"缺点"。

工作中，小杨或许确实存在许多缺点，但仔细想想，现在班级呈现出这种"众口一词""同仇敌忾"情况的原因，除小杨自身的问题外，极有可能是心理学上的"群体极化"现象在作祟。"群体极化"现象是指在群体讨论纠错的过程中，原有的倾向性会得到加强，向两个极端的方向发展，即原来群体支持的意见，讨论后会变得更为支持；而原来群体反对的意见，讨论后反对的程度也会变得更强，最终使群体的意见出现极端化。

“群体极化”具有双重意义。从积极的一面来看，它能促进群体意见一致，增强群体内聚力。从消极的一面看，它能使错误的判断和决定更趋极端。很显然，当下班内这样的情况说明群体极化现象已经趋向于错误的一端，如果任由其发展下去，恐怕小杨会被班内学生孤立和排斥。于是，我宣布，暂停讨论，大家可以保留意见，但绝不允许将事态扩大化。

学生之所以产生群体极化现象，不外乎如下原因：第一，群体舆论。学生多处在世界观、人生观、价值观尚不成熟的阶段，易受意见领袖影响，缺乏理性思考。在讨论会上，在班级中人缘一向很好的小伟、小宋等学生的发言很有影响力。而他们的发言全是针对小杨的缺点，言论较极端，具有煽动性，会直接引导学生的意见倾向，许多学生即使存在不同观点，但经过前几名学生的错误引导后，也不敢随意发声，出于从众心理，迫于群体压力，不得不屈从于他们的说法。这种意见会在此过程中走向极化，偏见的声音越来越大，对立者则保持沉默。

第二，团队内部成员具有高度同质性。除小杨外，无论班干部或是普通学生都处于“被管理”的角色中，他们具有相同的背景和意识形态。而“管理者”小杨却成为高高在上的俯瞰者，这种“管理者”与“被管理者”间的对立，使小杨很容易成为众矢之的。被管理群体成员的一致性，造成了他们“一致排外”的局面。

第三，源于人的心理的倾向性。心理学认为，日常生活中，我们会注意负面信息多过正面信息，对他者坏行为的反感要强于他们好行为的好感，这种“负面偏差”在一定程度上会更容易记得别人的缺点远多于他的优点。

高中阶段学生处于价值观初步形成时期，他们具有明显的自我意识，价值取向具有突出的从众心理，但对外界的影响敏感、抗拒。因此，如果一味把我的观点强加给学生，其结果会适得其反。只有真诚倾听学生的观点，通过事实让他们从内心改变观点，才会启蒙和指导他们形成正确的价值观。于是，我先找到小杨，征询他是否想知道自己落选的原因，能否接受同学们对他管理班级的不同看法，在得到小杨肯定的答复后，我在班级展开了第二次讨论会，我先是为学生展示了一幅鸭兔图，并适时抛出问题：“同学们，你们觉得这幅图呈现给我们的是鸭子还是兔子？”学生们好奇地看着这幅图，七嘴八舌地讨论起来。话多的小伟率先抢答：“当然是兔子啊！”话音未落就听到了不少反对之声：“这一看就是鸭子，怎么会是兔子呢？”班里瞬时分成了两派，大家争得面红耳赤，谁也不服谁。等到学生们讨论得差不多了，我清了清嗓子，说：“其实，大家说的都没错，这幅图，既是鸭子也是兔子。当你看到鸭子的时候，就看不到兔子；当你看到兔子的时候，自然也看不到鸭子。但是，二者本身是共存的。可看的人眼里却只能看到其一。因此，我们观察事物的过程，同时也是给这个事物赋予意义的过程。赋予的意义不同，事物向我们展现的面目就会大相径庭。”学生们望着图片，若有所思。我展示了一组表格：上面显示的是入学以来班级每个月的扣分情况、变化曲线以及小杨同桌从月考到期中、期末考试的学习成绩对照表。我接着说:“那么，现在请同学们平心静气地想一想，如何看待班长在班级管理中的工作?”学生们一个个都低下了头。小李带头站了起来，对小杨说:“我学习成绩能够进步，与你的帮助与督促分不开，我不该只看到你的缺点，对不起。”小伟也不好意思地站起来，说自己对小杨不满，是因为自己宿舍内务整理欠佳被小杨扣了五分，还当众挨了批。大家纷纷表示“小杨尊敬师长，对所有的老师都很有礼貌”“学习成绩优秀，一直名列前茅”“以身作则，自己从来不被扣分”“热心，非常喜欢帮助同学”等，原来保持沉默的学生不再沉默，而是一个个站起来，用一件件真切的事例，为小杨发声。听着教室里回响的声音，小杨眼眶里立时蓄满泪水，他泣不成声:“谢谢同学们指出我的缺点，更感谢大家看到了我的付出。我知道自己确实存在很多缺点，今后我会努力改正。”我接着说:“今天，老师欣喜地看到同学们都成长了，你们不仅能够从不同的角度看问题，能够客观、公正地看待小杨在班级管理中的难处，还能从大局出发，舍小异，求大同。相信我们这样一个充满正气的班集体，一定会行稳致远。”

之后，小杨也在我的指点下，改进工作方法，收敛了他的急躁，学会用更加恰当的方式管理班级，与同学间的相处也更加融洽。

小杨的事例，让我明白了，群体极化如同一把双刃剑，其作用不容小觑。它能够促进群体意见一致，提高群体的凝聚力，但同时它也会放大错误的判断和决策。因此，当班内出现“负向群体极化”

的不良倾向时，教育者应当及时慧心点拨，引导学生客观公正地看待问题，不人云亦云，保持自我觉察，勇于表达自我。

如果说，一个班级就是一艘扬帆远航的船，班主任就要做好“瞭望员”，把握好班级“群体极化”的风向标。当班级出现“负向群体极化”导致风向改变时，教师要及时巧妙发力，引领学生修正航线偏差，让希望之舟顺利抵达人生美丽的彼岸。

（原文发表于《学生·家长·社会》2021 年第 11 期）

洞察需求，引导群体思维流向积极

王晓菲

班主任在建设班集体的过程中，班风的形成至关重要。班风有时受群体思维影响，而群体思维一旦形成就会影响班级大多数学生的言行举止，这种群体思维又往往是消极的倾向，班主任若无头绪地泛泛说教，只会使情况更糟，这种班级群体思维还会波及更多的学生，很不利于班级的发展。

由于面临中考大家都比较在意学生的学习情况，我也会不定期地跟家长沟通。一段时间以后，我发现小涵的父母总是很积极地询问孩子的在校情况，我也如实回答，当然也会提出请家长配合的需求，家长也一口应下，但孩子的作业字迹依然潦草。后来我跟班主任于老师聊起了这件事，她长叹一口气说，“今天早上我还被小涵的妈妈训了一顿。”“怎么了？”我问。“小涵这一个月没来上学，你知道吗？”“我知道啊，我们心里都替她着急，这孩子怎么了呢？”我紧接着问。“她妈妈说小涵过敏了，这段时间不能来，你说这初四能耽误这么长时间吗？于是我就打了个电话给小涵妈妈，建议要是孩子还不能来上学的话，就办休学吧，孩子的成绩也不是很好。没想到我刚说完就被家长劈头盖脸地骂了一顿，跟我说：“老师，你什么意思？我们请几天假，你就让我们休学，班主任是这么当的吗？”于老师跟我大倒苦水，感叹班主任太难当了，提出的负责任的建议反馈的却是家长的不理解。

而一个家长的这种思维会流向其他家长，很多家长认为从言语上打败了班主任，他们就赢了，其实输的不是孩子吗？家长的思维倾向潜移默化中影响着孩子的办事方式。此后，我们班发生了很多起学生顶撞班主任和任课老师的事件。学生稍有不如意就随意顶撞教师已然成了我们班的群体思维模式，于老师说她开过多次班会来说这个问题，但似乎越强调情况却越严重了，这已经成了全班群体思维极化的行为了。

着眼家长需求，引导群体思维流向积极

面对班级群体思维极化的情况，我们首先想到的应该是自己的工作做得是否有问题、是否有漏洞？是不是因为没有确切关注到学生及家长的需求，才导致了这种群体思维的流向？我们且看小涵父母的反应：孩子到了中考的时候，本来应该在学校里学习，可自家的孩子却因为身体原因无法上学。家长心里着实着急。这时他们也需要班主任的暖言相助，而不是听到让孩子休学的建议，在他们看来这是不负责任的建议。班主任若了解家长的心理需求，定会从家长的角度出发，与家长一起想办法。我们可以与任课教师一起去探望孩子，给孩子补补课，跟家长说说知心话，了解孩子的困难并且

积极地帮助解决。孩子到校后，安排成绩优秀的学生帮她补落下的功课，孩子会感受到老师的温暖。这种温暖通过孩子定会传达给家长，那么家校间的关系就不会那么紧张。家长们从心里认可班主任，全班学生也会形成积极的群体思维。

关注学生需求，促进群体思维健康养成

顶撞老师，这种情况在学生中常会出现。当班级中出现第一例这样的情况时，若班主任没有妥善处理，必定会影响其他学生的思维倾向，学生的效仿力极强，尤其是心智和思想尚未成熟的青少年。班主任尤其要关注学生的内心需求，抓住处理每一件事情的契机来促进学生群体思维的健康流向。

在处理班级学生顶撞英语老师的事情时，我了解到明杰气呼呼地跟老师说，“我考 30 分，我愿意，怎么了？”任何一个负责任的教师，都不会眼睁睁地看着学生的成绩下滑而无动于衷。课下我找明杰谈话，他的心情依然很激动，但眼中有泪，我知道这件事不但给他也给全班学生带来了极差的影响。他说因为考得太差了，昨晚回去被父母打了一顿，今天老师再批一顿，他就没忍住，现在很后悔顶撞老师。孩子知道错了，我立即让他去给老师道歉。班会课上，我对全班学生说，“顶撞老师是最恶劣的行为。你不应该让一位心里念着你的老师寒心。若老师漠视你的存在，你在他心中不重要，老师还会去说你吗？一个人的言行是他内在素质的外在表现。通过你

的表现可以直接看出你的素质。尊师重教是中华民族的优秀传统美德，这样的事情绝对不可以再发生！”为防止形成消极的群体效仿行为，我在带班的过程中也会反复提醒，随时注意学生的言行。

是的，无论是家长还是学生，他们表现出来的行为，正是我们看到的冰山露出水面的那部分，而隐藏在水下、看不见的巨大冰体才是更应该引起我们重视的根源。有果必有因，有消极的群体思维出现，必定有着家长或学生的内心想法或需求没有得到满足的现象，班主任要做的是从现象看到本质，从洞察家长和学生的需求入手，将班级工作做细、做实，引导群体思维流向积极，以此构建健康向上的班集体。

（发表于《青年教师》2021 年第 7 期）

后记

众人拾柴，方能燃起成长的燎原之火

威海教育名家雪梅班主任工作室的“成长书系”全部交稿后，如同审视着一颗历经了漫长时光孕育才终于萌芽的种子一般，我竟喜极而泣。真的，有什么能比得上一路耕耘一路收获这种踏实的体验更令人幸福和感动呢！

围绕着新班接手后的建设行动、家校共育的力量凝聚、学生成长的心灵关照、班级故事的意蕴解读、班主任的成长突围这五个层面，工作室三年多的研究成果终于能够以一种相对系统的方式被细细梳理和呈现。我们的初衷很简单，希望能为有带班困惑的老师提供一些方法上的借鉴，希望能为渴望成长和突破的班主任提供一些行动上的参照，希望能为卓越班主任共同体的发展提供些许启迪，最终让班主任这个群体中成长的星星之火慢慢引发燎原之势。

任何一件事，想总是容易的，难的是付诸行动的过程，我们这套书的梳理亦是如此。要把近千万字的发表成果汇总起来，全面审视后再分门别类地整理、精选，形成一本本的著作，这件事相当耗费时间和心力，绝非几人之力所能完成的。

幸运的是，这一庞大的工程得到了很多领导、老师的大力支持和全情参与。在整套书的策划中，威海市教育教学研究院教师发展研究室的温勇主任对于书系该如何进行系统构建、每本书该如何贴近一线班主任的发展需求来选材布局等都给予了全程的跟进指导。他高屋建瓴的专业引领和无时无刻不在的关心是我编著过程中最大的行动底气。由于工作室全体成员在持续进行着叙事德育模式的实践和研究，已经无暇分身，因此雪梅班主任工作室的“编外”成员王迎军、卢桂芳、李楠、李竺姿等老师牺牲了大量业余时间，承担了各本书稿的选编工作。他们担得起、想得细、行得勤的参与姿态是我编著行动中最强大的人力支持。书稿的审核和校对工作千头万绪，雪梅读写团队的刘艳霞、韩艳颖、车英等十多位老师主动请缨，让我拥有了虽工作烦琐却从容应对的状态。他们积极参与的热情，给了我把这套书做细、做好的信心。我所在的工作单位荣成市教育教学研究中心的各位领导，在做工作安排时总是尽可能地保障我可以把主要精力投入工作室建设和班主任专业成长引领上来，这份支持和包容让我有了把工作室研究做专、做精的可能，他们永远是我研究之路上最坚实的后盾……如果说，雪梅班主任工作室三年以来还算是交出了令人满意的答卷，那么众人“拾柴”，才是每一本书启动的力量源泉。

我不是一个善于表达情感的人，更何况，那些或静默或热烈的支持与鼓励，更像是一群有着共同教育追求的人不断为一点星星之火添加燃料的过程，更像是众人拾柴燃起高高火焰的过程，大家的所有奔赴无非是为了成长——学生的成长，教师的成长，以及教育的成长。由此来看，追寻成长是每一个心怀教育的人的共同方向，简单的“谢谢”二字显然已无法诠释我内心复杂的情感。

“就这样做一个生命有光的人吧。让我们先相互点燃，再去映照更多成长的美好！”我对自己说，对一路与我同行、一路予我帮携鼓励的教育人说，也对每一位阅读雪梅班主任成长书系的老师说。我所有的教育追求和情感，唯此而已！

雪　梅

2023 年 3 月 8 日